马老师聊语文

MA LAO SHI LIAO YU WEN

马惠玲 著

新华出版社

图书在版编目（CIP）数据

马老师聊语文/马惠玲著．—北京：新华出版社，2020.11
ISBN 978-7-5166-5477-4
Ⅰ.①马… Ⅱ.①马… Ⅲ.①语文教学—教学研究 Ⅳ.①H19
中国版本图书馆 CIP 数据核字（2020）第 216564 号

马老师聊语文

作　　者：马惠玲	
责任编辑：陈君君	封面设计：童色戏文化传媒
出版发行：新华出版社	
地　　址：北京石景山区京原路 8 号	邮　　编：100040
网　　址：http://www.xinhuapub.com　http://press.xinhuanet.com	
经　　销：新华书店	
购书热线：010-63077122	中国新闻书店购书热线：010-63072012
照　　排：涿州市彩丰文化传媒有限公司	
印　　刷：天津文林印务有限公司	
成品尺寸：170mm×240mm	
印　　张：17.5	字　　数：200 千字
版　　次：2020 年 11 月第一版	印　　次：2021 年 3 月第二次印刷
书　　号：ISBN 978-7-5166-5477-4	
定　　价：48.00 元	

图书如有印装问题请与出版社联系调换：010-63077101

目 录

前言 / 1
序 / 3

导　言　聚焦三个要素，打造语文魅力课堂 / 3
学习语文，唤醒生命 / 7

名著阅读　**读书理念**
爱上读书，"恋"上精神财富 / 13
爱上阅读，语文不再担忧 / 17
《老人与海》导读
"想"与"读"只有一步之遥 / 20
"品"圣地亚哥是一位什么样的老人？/ 23
从一个"圣地亚哥"到一群"圣地亚哥" / 34
《平凡的世界》导读
欲语文素养之高，求阅读与写作双赢 / 36
为什么田晓霞这个美丽身影从此逝去？/ 40
《骆驼祥子》导读
画人物关系图，使我们的思维走向深入 / 43
祥子与车的距离到底有多远？/ 47
哀莫大于心死 / 49

《红岩》导读

透过人物形象分析寻求思维发展的轨迹 / 51

《红楼梦》导读

读红楼,看香菱,学牡丹绽放 / 54

读红楼,看贾政,思个性教育 / 58

读红楼,看宝玉,感受立体多元形象 / 61

《论语》导读

跨越时空,拜您为师 / 64

写作教学 | **读的"微"世界**

"读"是"输入","写"是"输出" / 69

以用好课本为例谈"读"与"写"结合 / 72

任务驱动驾驭课本内容 / 74

任务驱动让你对阅读内容有深刻的领悟 / 77

我心想我看,我手写我心 / 80

从《感动中国》中学习写颁奖词 / 84

让读的"感动"走进作文 / 86

让读的内容得以升华 / 89

"写"中的"微"智慧

"微"妙之处见精神 / 92

叙述描写类微写作 / 94

议论评价类微写作 / 96

诗文扩写类微写作 / 98

实践运用类微写作 / 100

写作让"思维"飞翔

作文跑题怎么办 / 103

作文不知所云怎么办 / 107

作文思路混乱、思维断裂怎么办 / 111

作文不能有的放矢、自圆其说怎么办 / 115

作文不能以理服人怎么办 / 120

"下水文"是"作文题目"的伴侣

听一场报告，上一次语文 / 123

"和"文化 / 126

"咏"的是创新，"传"的是经典 / 129

涵养英雄气，薪火传精神 / 133

红梅赞 / 136

那一刻，我情不自禁 / 139

从审题到评价"一条龙"解决作文难题 / 141

有一种成长让你骄傲 / 144

君子，犹如日月星天 / 146

我想对您说 / 149

以"窗"为话题的材料作文 / 153

一枝一叶总关情 / 157

2019—2020年海淀区高三下学期期末作文 / 159

2019年高考语文全国Ⅰ卷作文 / 162

2019年高考语文全国Ⅱ卷 / 165

2020全国Ⅰ卷作文下水文及指导 / 168

2020北京卷作文下水文 / 174

学习驿站	思想驿站

开学寄语 / 179

以诗会友，多么透彻的领悟 / 179

学中激励 / 185

期中考试过后，你的心灯"点"亮了吗？ / 185

期末了，不要让"虚荣"掩盖了"自尊" / 188

高考叮咛 / 190

写给逐梦路上的青年学子 / 190

敲黑板，莘莘学子加油站就在这里 / 192

聊聊高考语文那点事 / 194

明天高考了，你今天在做什么？/ 198

做高三学子精神的守望者 / 202

能力驿站

识记能力 / 205

"背"得科学，"记"得长久 / 205

概括能力 / 208

用四字词语"练"概括能力 / 208

理解与分析能力 / 211

水中望月，也要望得真切 / 211

赏析能力 / 216

一字一世界，字字皆有情 / 216

规范能力 / 221

解答现代文阅读题要有规范意识 / 221

综合能力 / 223

最后百天教师备考十条 / 223

最后百天学生备考十条 / 226

附 录 | **生活随想**

为她点赞 / 231

服务 / 233

占座漫想 / 236

"色"难与"容"易 / 238

"有用"与"无用"/ 241

是他们，将萤火汇成星河 / 243

致敬，铿锵玫瑰！/ 245

美在九月 / 248

在时间的长河"挤"出浪花 / 249

寒冷的冬季,"炭"比"雪"多 / 252
感动有千万种,但我独爱这一种 / 255
顺应花开花落 / 257
这些"星",我们应该去追 / 258
忙忙碌碌之中您在尊重生命吗？/ 261

后记　教育是爱的艺术 / 265

前言

一位有魅力的语文教师

马惠玲老师是北京实验学校（海淀）引进的高中语文特级教师，正高级教师，全国劳动模范。

来到北京实验学校（海淀）后，马老师以归零的心态投入到京城的教育工作中。虽然她之前主管唐山一所市直学校的教学工作，但是来到我校之后，主动从班主任、年级主管做起，她的勤奋、扎实，高度的责任感和使命感，以及担当的精神，很快成为我校富有魅力的教师。她用自己的教育理念、教育思想引领着学生，用教育激情感染着学生，用独特的情怀与创造精神去培养现代创新的人才。后来她担任高中学部主任，兼任校长助理，负责全校督学，推进全校教师魅力课堂建设，助力教师专业化发展。

马老师在教学一线，追求"教、学、研"的有机交融，且教，且学，且研，三驾马车，并行前驱；让"教"为"研"提供丰赡的案例；让"学"为"教"插上高翔的翅膀；让"研"为"教""学"保驾护航、助力深化。力求"教"有特色，"学"有见解，"研"有可借鉴的心得。她既是学校魅力教育思想的践行者，又是语文魅力教学的探索者；既是魅力教育思想的收获者，又是语文魅力教学的传播者。

在求索的道路上她一直笔耕不辍，通过公众号推送自己的教育随笔、生活感悟，以及为学生写的下水文等，给学生、家长、老师带来思维的碰撞与教育的启迪。马老师将这些文章结集成册，意在告诉读者：深谙语言之魅，在咬文嚼字中深入探究，自会窥见文学、文章之奥妙星空，从而收获洞察人生世情之力。

这本书既是她对"教"之方法的梳理，对"学"之感悟的淬炼，也是对"研"之经验的汇总。读之，必大受启发；用之，定获益匪浅。

曾军良

北京实验学校党委书记、校长

序

马惠玲老师是我几年前在一次全国性语文教学研讨会上认识的,虽然当时并没有来得及深谈,但因为彼此加了微信,我就能经常读到她发在"马老师聊语文"公众号上的文章,也了解到一线老师"累并快乐着"的日常生活。在我的印象中,马老师属于那种复合型、专家型、魅力型的语文教师。作为特级教师,她有着繁重的语文教学任务;作为劳模创新工作室主持人,她承担着指导年轻教师专业发展的重任;作为学校领导,她还要处理繁杂的行政事务。所以,当马老师提出要我为她这本专著作序时,我毫不犹豫地答应了。

本书是马老师基于多年语文教学经验、对教育教学深入思考的结晶,记录着她上下求索、追寻魅力语文的心路历程。书中有"教"的方法,"学"的感悟,"研"的经验。读着这些跃动着教学智慧的文字,可以看出,作者善于在咬文嚼字中发现真善美,在教、学、研互动中领略语文的无穷魅力,在传道授业中不断汲取精神力量,在立德树人实践中演绎着语文人的精彩人生。

当前,我国语文教育已进入新时代。新时代语文教育的背景:一是国家战略,即教育是国之大计、党之大计,是实现中华民族伟大复兴的"奠基工程",教育被提到优先发展的战略地位,要求加快建设教育强国,办好人民满意的教育。二是根本任务,即立德树人,培养德智体美劳全面发展的社会主义建设者和接班人。这既是人才成长的规律,是人民对教育的要求,也是实施素质教育的根本目的,必须引导学生坚定理想信念，厚植家国情怀，加强品德修养，增长知识见识，培养奋斗精神，增强综合素质。三是队伍保障，国家繁荣、民族振兴、教育发展，迫切需要培养造就一支师德高尚、业务精湛、知识结构合理、充满活力的高素质专业化教师队伍。具体到语文教师来说，除了思想品德、教育心理、身体等基本素质外，还需要丰厚的语文学科知识素养、能力素养和教学素养。对此，马老师在书中用她的语文教育教学实践作了生动诠释。

在马老师看来，一个有智慧的语文老师，首先要让学生感受到语文的魅力，激发他们的情感需要和表达需求，因势利导，因材施教，激发其学习兴趣，点燃其求知火苗，唤醒其生命自觉。事实上，语文教学也只有以热爱为起点，才能让师生更透彻、更轻松、更艺术地领略语文之美。比如，《"品"圣地亚哥是一位什么样的老人？》，作者带领读者从平凡生活出发，由浅入深，让老人的形象从可怜到可爱进而升华到可敬。从表象出发，降低鉴赏"门槛"，让读者满怀欣欣然，轻松进入作品意境；逐渐深入，水到渠成，让读者深浸其中而不知，洗涤灵魂而不觉，收到了潜移默化的效果。再如"写作教学"，作者用生动形象的示例、深入浅出的分析告诉读者，读书绝不能走马观花，写作也不可能信手为之。阅读有技巧，应从细微处见深刻；写作有章法，要于字段中见设计；思维讲逻辑，须在思辨中逐层深入。精彩的下水作文，不但为读者提供了可供参考的写作范例，也让文章中的写作理论落到实处，形象可感。一篇篇精彩的文章，见证了作者的良苦用心：从读到思到写，从听到说到评，涵盖语文教学的诸多基础技能，分类清晰，一目了然。书中这些教学经验、教法探讨与理论思考，源于语文课堂，来自教学实践，发自内心肺腑，充满教育智慧。有人说，能把胡辣汤做得顾客盈门、生意红火，和能让火箭上天没有本质区别。在我看来，一个教师如果能把课上得出神入化，意兴盎然，充满魅力，学生不仅确有收获，而且心情愉悦，如沐春风，也是这样。上好每一堂课，不轻慢课堂，不应付学生，就是崇高师德具体而生动的体现。既是教师安身立命之本,也是其核心竞争力。我认为,马老师就具有这种核心竞争力。我相信,这本书能给一线教师尤其是青年语文教师带来多方面的思考与启迪。

一支粉笔,书写着语文教学的春秋冬夏;一个键盘,敲击出教育智慧的涟漪浪花。有道是,有心人,天不负。谁能毅然前行,谁就能走向更远的地方。衷心祝愿马老师和她的团队,坚定教育理想,厚植教育情怀,坚持教育追求,在语文教学征途上毅然前行,不断深入拓展语文教学的创意空间,把探究语文教学的触角伸向广袤天空,用生动精彩的语文故事描绘语文教育的星辰大海。

顾之川

人民教育出版社编审

中国教育学会中学语文教学专业委员会原理事长

导言

语文教学只有以"培育人,发展人"为宗旨,以"传承文化、提升素养"为使命,以"精神滋养"为最佳境界,才能促进学生生命的成长。促进学生生命成长的课堂,是真正以"人"为核心的课堂,彰显着尊重、和谐、美丽,也是我所追求的"三聚焦"的语文魅力课堂。

聚焦三个要素，打造语文魅力课堂

王国维谈到"治学"三境界：第一种境界"昨夜西风凋碧树，独上西楼，望尽天涯路"；第二种境界"衣带渐宽终不悔，为伊消得人憔悴"；第三种境界"众里寻他千百度，蓦然回首，那人却在灯火阑珊处"。

由王国维的"治学"境界，想到了"教学"的三种境界：第一种境界"追求每分钟效率最大化的高效课堂"；第二种境界"追求高效，追求和谐的高效课堂"；第三种境界"追求魅力，促进学生生命成长的魅力课堂"。

这三种境界道出了教师在课程改革中观念更新、方法改变，最终走向成熟的心路历程，由效益——和谐——魅力，道出了教师由着眼于教学结果到着眼于教学过程，由着眼于教师本位到着眼于学生主体，由着眼于知识技能到着眼于学生素养、学生生命成长的转变，实现了从授业解惑——合作共享——促进教师精神成长的蜕变，促进教师由传授者、合作者到引领者角色的转变。

一、聚焦文本是追求语文魅力课堂之根

走进语文课堂，倾听语文教学，分析语文现状，发现学生对文本阅读缺乏个性化的思考。课堂缺少精读，缺少咬文嚼字，多是粗枝大叶，不求甚解；缺少独立自主原汁原味的探究，多是参考书上的照搬或教师理解后的"嫁接"。所以在我们告诉学生"一千个读者有一千

个哈姆雷特"的时候，要求学生对文本阅读有个性化的体验的时候，我们教师一定要聚焦文本，熟练掌握教材，有效处理教材，通过有效活动将学生的目光聚焦到文本，从而生发出新的课程资源。

我在讲授《包身工》时，引导学生按照时间顺序梳理文章脉络，有同学发现这样一个问题：

"上午四点一刻，包身工起床；四点半之后，包身工吃早餐；五点钟，包身工上工；包身工放工，没明确说几点。但是，三十五自然段有'十二小时工作'，可推断是十七点，即下午五点，但是二十一自然段却说，'早晨五点钟由打杂的或者老板自己送进工厂，晚上六点钟接领回来，她们就永远没有和外头人接触的机会'为什么前后会有一个小时的时差呢？"

我首先鼓励了同学善于发现问题，然后我问："难道是作者的疏忽吗？"学生摇头，"那是为什么？"，进一步将学生的目光带进文本，我说"从文本里找答案"，一会儿，同学们纷纷举手。

有一个同学说："第三十五段最后一句话：譬如讲芦柴棒吧，她的身体实在瘦得太可怕了，放工的时候，厂门口的'抄身婆'（检查女工身体的女人）也不愿意去接触她的身体。可见，不是一到五点就立即放工，真正的放工应在五点之后。"

另一个同学补充说："第三十五段首句'两粥一饭，十二小时工作，劳动强化，工房和老板家庭的义务服役，猪猡一般的生活，泥土一般的作践'说明包身工放工后还要负责工房的打扫，和老板的家务，所以下午五点不可能是她们真正放工的时间。"

这样讨论以后，学生们对"放工的时候，也要榨干她们最后一滴血泪"这样抽象的说法就有了具体到位的理解了。

二、聚焦思维是追求语文魅力课堂之干

"操千曲而后晓声，观千剑而后识器"，聚焦文本，精读，涵咏，揣摩，才能培养学生良好的思维品质。良好的思维品质的培养不是一蹴而就，它需要语文教学中有效问题的引领。

在目前的语文教学中，语文课堂的问题经常设计得很琐碎，这样不利于学生深入思考，直接制约了学生良好思维品质的形成。教师的问题就像牧羊人攥在手里牵引着羊的草，牧羊人走到哪里，羊就跟到哪里，可怜的羊，没有被牧羊人引到宽阔的草原尽情吃草，它能吃得饱吗？只不过是过了过嘴瘾而已。教师的问题在哪里，学生就被动地跟到哪里，一直将教师设计的问题看似解决为止，可怜的学生，没有被教师引到思维的广阔天地，大众化思维多，个性化思考少，久而久之，思维固化，全面、辩证、多角度思维的良好品质难以形成。若想培养良好的思维品质，必须设计有价值的问题，引导学生聚焦文本，主动参与探索，诱发学生展开思维的翅膀，达到想说、会说，想答、会答的境地，从而达到"牵一发而动全身"的功效。我在引导学生学习鲁迅的《记念刘和珍君》时，整合课内课外可借鉴的教学资源，提出了这样一个问题：

"在'三·一八惨案'中，四十多个青年都牺牲了，为什么鲁迅先生偏偏记念刘和珍？在刘和珍这一形象上寄寓了作者复杂的思想感情，请通过品味文中的语言准确把握。"

这样一个问题把学生的目光集中到文本，引导学生合作探究，通过文中描写刘和珍的语句，进而分析了刘和珍的形象，从而把握文章的脉络，通过品味语言，充分把握作者复杂的情感。比较复杂的一篇文章，需要探究的琐碎问题都在这样一个问题里涵盖了，解决了，这样更有利于培养学生养成从文章的整体入手去阅读，养成发散思维的习惯。

三、聚焦精神是追求语文魅力课堂之冠

知是行之始，行是知之成。思想是本，行为是形，本正则形立。思想自觉引领行为自觉。尤其是语文教学，在培养学生综合素养、引领学生思想方面似乎有着得天独厚的优势。可是有时候语文教学，我

们不知不觉就侧重于知识的传授，能力的培养，却忽视了文化内涵的积淀，轻视了情感、态度、价值观的挖掘，从而缺少了文化的传承、文学素养、人文素养等提升，缺少对学生精神的引领。

课堂是育人的主要载体，尤其是语文课堂教学，只有问题设计合理，引领学生有效聚焦文本，挖掘出文本中人文的魅力，才能够引领学生思想，提高学生素养、培育学生的精神长相。

在讲授鲁迅《祝福》时，设置了这样一个问题："假如你是阿毛的亲人，你去寻找'阿毛'，发挥想象，写情景片段。"

设置这道题的目的不在于提升学生的写作水平，而在于升华学生的感情。我们的学生会不会也像鲁镇的人那样，也是一个冷眼旁观、颇有谈资的"看客"。这样安排是让学生走进弱势群体，走进她们的内心世界。

开在墙角的梅花虽然寂寞，但暗香浮动；长在石缝间的松树虽然峭立，但根深叶茂；扎根于高山上的雪莲花虽然孤独，但傲然屹立。追求语文教学的魅力课堂之路可能"山重水复"，但一定是"柳暗花明"。

语文教学只有以"培育人，发展人"为宗旨，以"传承文化、提升素养"为使命，以"精神滋养"为最佳境界，才能促进学生生命的成长。促进学生生命成长的课堂，是真正以"人"为核心的课堂，彰显着尊重、和谐、美丽，也是我所追求的"三聚焦"的语文魅力课堂。

学习语文，唤醒生命

学习语文，不仅是对母语的热爱，生活的热爱，也是对生命的热爱，每一个个体，可能因语文而唤醒生命，因唤醒生命而精神灿烂。

每一个学习者，要认识到生活处处皆语文，学习处处有语文，所有课堂无不在为语文学习服务。把好这一关，我们就会主动地投入，时时处处地学习语文，让语文走进了我们生活的视野、学习的世界。

每一个学习者，既要思想重视，又要行为重视。比如主动参与语文课堂的听说读写甚至其他所有课堂的听与说，读与做；比如善于积累基础知识，善于积累生活见闻，善于阅读各类书籍，善于写随笔感悟。

下面我们重点聊一下行动中的积累。

在"观察"中的积累

生活是学习语文之源，要特别善于观察生活，给大家举一个例子，这个例子是作家刘墉女儿的作文：

今年春天，爸爸在窗前种了一棵芭蕉，没几个月，就长得高过了窗子。大大的芭蕉叶，逆光看去，绿得像是翠玉。下雨的时候，雨水打在叶子上，滴滴答答，疏疏密密，那节奏真美得像音乐。但是秋天，才冷几天，芭蕉的叶子就一一变黄，先是黄得艳，好像枫叶一般，接着则成了焦黑的颜色。爸爸说"一叶生，一叶蕉"，因为那枯了的叶子像烧焦的，所以称为"蕉"……

我说芭蕉枯了怎么办呢，眼看这芭蕉就要死了。爸爸则指着树根说："别操心！你瞧，这下面不是已经有小苗长出来了吗？老的还没走，小的已经生了，这芭蕉就像人哪……"

这个作文片段体现了小作者的观察能力，感悟能力，认知能力，善于悟出"芭蕉"与"人"的关系能力，这些能力的提升源于生活中观察的积累。如果我们善于观察，观察生活中的人、事、景、物，从而发现生活中的美，悟出生活中的道。久而久之，生活中的观察就为我们的语文学习奠定丰厚的基础，为培养透过现象挖掘本质深入思考的品质助一臂之力。

通过"记"来积累

课堂上认真听讲，勤于动笔，做好笔记。记下老师讲课的重点、难点、疑点、板书等，善听别人的发言，记下同学发言的重要信息；在读书中善于摘抄积累，记下阅读中的好词好句好段好篇；记下生活中的见闻，生活中的俗语，记录在餐桌上，在地铁里，在屏幕前，在志愿服务中，在多彩活动里，在节日祝福中的文化、事情、感受……久而久之，锻炼观察力、辨别力、欣赏力、感悟力。

"读写结合"的积累

学好语文的双翼，一是阅读，二是写作；阅读是输入，写作是输出；阅读为经，写作为纬。读写结合，才能经纬纵横。首先学会阅读课本，以教材文本为依托，深入阅读，延伸到写作；其次阅读经典名著，继承中华优秀传统文化。善于从经典阅读中挖掘写作素材，有自己独特的感悟；再有就是善于挖掘鲜活的材料，比如从时事热点中、从周边生活的感人事迹中去挖掘写作的素材。

厚积薄发，语文学习更是如此，希望小伙伴们能在观察中积累，在记录中积累，在读写结合中积累。

学习语文，还要过好准备关

第一，准备工具书：现代汉语词典，古汉语字典，成语词典，唐诗宋词鉴赏辞典等；

第二，准备必备的本：摘抄本，随笔本，作文本；

第三，准备要阅读的经典作品；

第四，强化几个意识：朗读与背诵的意识，记笔记与练字的意识；阅读与写作的意识；听说读写手脑并用的意识与和谐发展的意识。

同学们，相信有语文的相伴，我们的生活会多姿多彩，我们的学习会有趣有味，我们的精神会无比灿烂！

名著阅读

　　阅读在家庭播下种子，在学校培植开花，在社会结出累累硕果。阅读最初起于内容选择，然后承于方法经验积累，继而转于思维碰撞，最后合于人生思考。看似是阅读，实则是生命领悟；看似是思维碰撞，实则是情感共鸣、精神共振；看似是语言的揣摩，实则是精神韧带的拉宽，思想韧性的增强。

读书理念

爱上读书,"恋"上精神财富

4月23日是"世界读书日",每个读书日来临,我都会怦然心动。

虽然说读书是常事,买书也是常事,但每年的读书日到来之前,还是按捺不住内心的"躁动",买本自己喜欢的书。就像买一套心仪的衣服迎接新年,也像着意打扮一番与自己心爱的人见面,用这种充满虔诚的仪式感享受那份恭敬与书香,静谧与惬意。

读书有它自己的惯性,好比一日三餐,每日锻炼。善吃饭者长精神,好运动者强自信,爱读书者养心灵。董卿老师每天晚上睡觉前读一个小时的书,这就是她的阅读惯性,也是她"腹有诗书气自华"的缘由。

读书有它独特的节奏,好比慢三舞曲,优雅中有一种舒缓,舒缓中有一种沉醉。在慢中去除喧嚣,在静中拥有力量。爱上读书,享受慢的成长,"恋"上精神财富!

读书要有好的心态。生活在快节奏的人们,面对林林总总的事情,干什么都有目的,做什么都讨捷径,本也无可厚非。但读书若总想走捷径,就像咀嚼别人咀嚼过的食物,永远没有原汁原味的品尝,长此以往,就会营养不良。若读书总有急功近利的目的,将"有用"与"无用"的书清晰界定,读者就得不到更好的滋养,全面的成长。

对于处于黄金时段的学生来说，读书要懂"无用之用"。与考试有关的书要读，与考试看似无关的书也要读。作为家长、教师，不要以自己界定的"有用"与"无用"过多干预。

庄子曰："无用之用，方为大用。"惠施有个大葫芦，用它盛水，不结实；用它做瓢，又太大。因为没用，惠施就把它打破了。庄子看到后惋惜地说："你应该做个网子把它装上，系在腰间当腰舟，载沉载浮。庄子的高明之处就在于他不仅看到水可以装在葫芦里面，还看到了水也可以放在葫芦外面。"

"人皆知有用之用，而莫知无用之用也。"其实读书也是如此，为考试而读书者，只看到了知识源于所学书本，却没有看到知识还源于没学的书本；考试不仅考查知识，考查能力，还考查必备的核心素养。知识在短时间内可以获取，但能力与素养却来源于长时间的提升与积淀，这种提升与积淀来源于读书。读书是一种慢工夫，在慢工夫中享受成长，才能将看似的"无用"转变为"有用"，乃至转变为"大用"。

读书者一定要懂"有用"之用，更要懂"无用"之用，仅是急功近利的"有用"会目光如豆，最多能解燃眉之急；着眼未来的"无用"会目光如炬，才是读书的长久之计。

读书要享受过程，明开卷有益。读书可以"目"焦文字，"神"游四海，历山川，观风景，品文化，阅人生。不用担心读了会忘记，而要欣喜"看似无痕却有痕"。有一个人喜欢画画，画一张素描需要两个月时间，可是画完以后他从不保留，而是随手扔掉。朋友疑惑地问他原因，他说："画素描的目的在于打好素描基础，以完成更高水平的艺术创作。"其实，读书也一样，不要一味关注结果，要享受读书的过程，只要选择性地开卷，阅读速度、阅读能力、语言素养，情操陶冶、境界提升、精神富有都会随之而来。因为开卷有益，这是自然之理。

读书要进行对话。在对话中保持思维活跃，不断思考，不断设疑、解答。实现与文本对话，实现与文学、文化、科学等对话；实现与作者情感的对话，与哲者、与智者心灵的对话，发现自己、发现良知。感受生命的真谛，拥有阅读教化的力量。

阅读是人生的必修课，与书为伴就是最好的修行。高尔基说："书籍鼓舞了我的智慧和心灵，它帮助我从腐臭的泥潭中脱身出来，如果没有它们。我就会溺死在那里面，会被愚笨和鄙陋的东西呛住。"要想摆脱平庸的思想，成为智者，就必须爱上阅读；要想摆脱粗鄙，走向优雅，也必须爱上阅读；要想成为精神富有的人，而不是一架应试的机器、就业的机器，一定要爱上阅读。阅读给予你的是开阔的视野、独特的眼光，灵性的思想，放飞的心灵以及智慧的生活态度，让您拥有幸福人生。

阅读的种子是在家庭里播下的，阅读能力、阅读兴趣、阅读习惯的培养是从家庭开始的。作家梁晓声说："书架是家庭最好的不动产。"一个带领孩子读书的家庭可能没有珠宝黄金的璀璨，但是却拥有让孩子精神生活丰富的源泉。与阅读相伴，心灵之泉涓涓潺潺。

阅读的花朵是在学校培育的。叶圣陶说："在阅读一事的本身，教师没给一点儿帮助，就等于没有指导。"作为教师，要教会学生读单篇课文，还要教会学生进行群文鉴赏。教会学生浏览微信、微博等碎片化阅读，还要指导学生整本书阅读。不仅教会学生读文史哲等著作，还要教会他们读学术著作。不仅要读，还要写，读写结合，写出自己的点滴感悟和些许启迪，将"读"着上"我"之色彩，将阅读精髓进一步升华。

阅读的果实是在社会上结出的。一个阅读功底丰厚的人，走向社会之后，他的思维更灵活，思想更开放，胸襟更宽广，创新更独特。

为了结出累累硕果，家庭要用心播撒种子，学校要精心呵护花朵，社会要悉心照料果实。只有家庭、学校、社会，携起手来，共同营造温馨的读书氛围，形成良好读书风气，才会让读书成为我们追求的信仰。

4月23日,是世界读书日,也是莎士比亚出生和去世的纪念日。在这个特殊的日子,让我们牢记莎士比亚的一句话:"读书是全世界的营养品。生活里没有书籍,就好像大地没有阳光;智慧里没有书籍,就好像鸟儿没有翅膀。"读书带给我们的不仅是温暖,是希望;更是自由,是成长。我们读过的书,走过的路,写在脸上,藏于气质,露于胸怀。读书能使我们的精神韧带拉宽,思想韧性增强,获得脱胎换骨的成长。

请您翻开书,认真阅读!"爱"上阅读,"恋"上精神财富,"鼠"您最富有!

爱上阅读，语文不再担忧

有家长朋友发来短信，问有没有合适的阅读理解的教辅。我说没有，因为真没有研究过用哪个教辅资料更好些。

如果孩子在初三或高三，我一定费一番心思研究一下，有没有在应试方面用着顺手的教辅，但是对于基础年级的学生来说，我觉得有一本教委配套的资料就行了。

语文成绩不好，跟做题少有关系，但没有绝对的关系。语文成绩好坏与他的语文素养有关系，语文素养高低跟他的阅读积淀有关系。

作为教师，不担心学生语文成绩不好，而担心学生不读书。所以，家长也不要一味在孩子语文成绩上纠结，应关注孩子的阅读。

阅读可以改变孩子对学习、生活的态度，对生命的感悟。阅读可以唤醒生命，激发孩子的内驱力。著名评论家、文化学者、北京大学教授张颐武老师说："阅读是生命的发现。"阅读是最好的老师，能够解答我们有关生命的思考和有关人生的疑惑。《平凡的世界》中孙少平接触的第一本书是《钢铁是怎样炼成的》，书中的主人公保尔·柯察金对少平内心的触动很大，可以说保尔·柯察金是他第一位人生导师。这位导师唤醒偏于一隅、不够自信的少平，激发他内心的力量，见贤思齐。有对自己生命的追问，有我是谁、我将成为谁的思考。其实阅读不仅像一位循循善诱的导师，也像生活中的一面镜子，既能发现自己的优点，又能反观自己的不足，进而提高自我修复能力与完善自身的能力。

有的家长可能会说，孩子阅读，学习态度也还行，生活也乐观，但语文成绩不理想。

学好语文阅读是基础，但不等于阅读了成绩就好了。

阅读是对话，对话就得思维活跃，这样才能解其言，知其意，明其理。阅读是读者与文本的对话。读者可以泛读，可以精读。泛读可以不求甚解，了解文本大概，实现浅层次地与文本对话，了解写了什么。精读可以圈点勾画，做批注，做笔记，画思维导图，实现与文本深层次的对话，明白为什么写，实现与文学、文化、科学等对话；精读细品，咬文嚼字，揣摩语言的表情达意，实现与作者情感的对话；继而产生情感共鸣、实现与自我心灵的对话。

衡量一个学生的语文学习，不能光看成绩。两个同学的分数一般多，但是有可能含金量不一样。有同学语文成绩不好，不代表她语文功底差，可能与考试时的心境、考试时间的安排、答题意识淡薄、得分能力较弱，临场发挥等有关，缺什么补什么，对症下药，不知不觉成绩就提高了。有同学语文成绩看着还行，但是还缺少丰厚的语文素养，如果不从阅读上积淀，自认为比较理想的成绩有可能不稳定，将来的语文成绩有可能会萎缩，要想去除这种忧虑，必须从阅读上弥补。

阅读是挑战。阅读是对自己阅读时间、阅读兴趣、阅读内容、阅读习惯、阅读能力的挑战。阅读如细水长流，贵在坚持，要想坚持，就得规划自己零散的阅读时间，养成良好的阅读习惯。阅读内容的选择上不能光依赖兴趣，感兴趣的"无用"闲书要读，不感兴趣的"有用"书也要读。尝试阅读有难度的书、大部头的书，学术著作乃至哲学著作。有同学特别喜欢读《红楼梦》，读得津津有味，有同学不喜欢读，将之束之高阁；有同学说读《乡土中国》，读不懂；读哲学书更读不进去。读不懂可能阅读涉略的内容是我们不熟悉的领域，对这方面的知识储备不足。读不懂还可能是没能静下心来阅读，没能坚持将阅读走向深入。读不懂还可能是由于受到我们的年龄、阅历、思维以及对文字理解力的限制等。即便这样，也要尝试阅读有难度的书，磨脑子的书，来拓宽自己不熟悉的领域，丰富自己的认知，挑战自我的阅读能力，挖掘自身阅读潜力，逼迫自己走向深度阅读。在阅读中思考，在思考中领悟，打开阅读的智慧之窗。

阅读是学好语文的基础。学习语文不能急功近利，舍本逐末，短时间内不以成绩论英雄。

阅读是人生的必修课。要想成为优秀的人，就必须爱上阅读。如果你不想让自己做一架应试的机器，不想让自己将来做一架就业的机器，就必须阅读。阅读给予你的是开阔的眼光、自由的头脑和智慧的生活态度，而这些品质必将造福你整个人生。

阅读在家庭播下种子，在学校培植开花，在社会结出累累硕果。阅读最初起于内容选择，然后承于方法经验积累，继而转于思维碰撞，最后合于人生思考。看似是阅读，实则是生命领悟；看似是思维碰撞，实则是情感共鸣、精神共振；看似是语言的揣摩，实则是精神韧带的拉宽，思想韧性的增强。

爱上阅读，你的语文不用担忧！

《老人与海》导读

"想"与"读"只有一步之遥

"想"是想法，是愿望；"读"是行动，是实施。我们都知道读书的重要，但是将重要的读书列入计划，并付诸实施会有多远的距离？

在我看来，只有一步之遥。

在"读"之前，你可以足够预热，找找兴趣点，搜搜关键点，想想问题点，甚至可以在了解书的大致内容的前提下列一个问题"清单"。

之后想清楚从什么时间开始"进入"，每天预计读多长时间，大致多长时间读完；读完后效果怎么呈现，是写读书笔记，还是画思维导图，还是写下读书感悟，不管选用哪种方式，最好是边读边梳理，这样会让读书激发的灵感保留。我们如果通过"想"，定好了读书计划，进行了足够预热，那么往前迈一步就是捧书阅读了。

今天请大家跟马老师走进海明威的《老人与海》。

让我们
随老人一起出海，
随老人一起徜徉在海的世界，
欣赏海的辽阔，
分享老人的孤独，

读出老人的坚毅，

品味老人的乐观，

感悟老人的生命状态，

倾听有关老人的赞歌！

看到"老人与海"这个短语，您想到了什么？

想到一叶扁舟，沧海一粟，还是望洋兴叹。

想到杜甫的"飘飘何所似，天地一沙鸥"，苏轼的"寄蜉蝣于天地，渺沧海之一粟"，还是李白的"孤帆远影碧空尽，唯见长江天际流"？

想到孤寂与苍凉，脆弱与坚韧，渺小与伟大，还是短暂与永恒？

想到人与自然，人与环境；想到海的凶猛浩瀚，老人的单薄无助；抑或是想到海的怒吼咆哮，老人的悄寂无声？

不要只是想，让我们读，让我们静静地读，读懂老人的故事，读懂海的世界。

阅读海明威的作品《老人与海》，您能收获什么？

阅读《老人与海》，我们可以看到老人的消瘦与憔悴；看到老人脖颈上很深的皱纹，腮帮上蔓延的褐斑，双手上用绳索拉大鱼留下的深深的伤疤；看到如海水般湛蓝，愉快而不肯认输的眼睛。

阅读《老人与海》，我们可以从老人的金句中感受到他丰富的生命内涵。

从"人不抱希望是很傻的"，感到老人如敲着鼓点般激励自己奋进的梦想。

从"现在不是去想缺少什么的时候，该想一想凭现有的东西你能做什么"，感受到老人的乐观挑战而不是抱怨的心态。

从"生活总是让我们遍体鳞伤，但到后来，那些受伤的地方一定会变成我们最强壮的地方"，感受到老人的磨砺与坚强，愈战愈勇的激情与豪迈。

从"人不是为失败而生的,一个人可以被消灭,但不能被打败",感受到他的坚持坚韧,不惧困难,永不服输的精神,乃至视死如归的生命状态。

即便是一位风烛残年的老人,一位在常人看来不可能再坚持下去的老人,竟在大海中战胜孤独,战胜脆弱,战胜自我,战胜大马林鱼,战胜一群鲨鱼。最后他的战利品虽然只剩下鱼骨,但是恰恰这只大马林鱼的鱼骨成了他的胜利品,这个胜利品见证了老人在大海中面对困难的坚毅。

老人在与大海的拼搏中没有后悔,没有哀怨,没有遗憾,他的胜利不是物质上的暂时拥有,而是精神上的永恒。随着他鱼肉的丧尽,渔船的靠岸,圣地亚哥艰辛地拼搏告一段落。这首赞歌词已尽,曲未终,留下了余音袅袅,不绝如缕的悠扬的旋律。

"品"圣地亚哥是一位什么样的老人？

（一）

圣地亚哥是个"倒霉"的老人？消瘦憔悴的老人？强壮结实的老人？抑或是……带着这些疑问，跟马老师深入地去读。

圣地亚哥是一位"倒霉"的老人。

用男孩父母的话来说是"倒了血霉"了。已经八十四天，一条鱼也没逮住，到了第八十五天，他对男孩说："你看我们该去买张末尾是八五的彩票吗？明儿是第八十五天。"由此可见，老人是极力想摆脱厄运的人。

圣地亚哥是一位消瘦憔悴但不失精气神的老人。

他不仅消瘦憔悴，"脖颈儿尽是深深的皱纹、颧骨上有些皮癌黄斑、双手留下刻得很深伤疤，这位老人处处显老，唯独两只眼睛跟海水一个颜色，透出挺开朗、打不垮的神气。"

圣地亚哥是一位强壮结实的老人。

书中写他熟睡的样子时可以看出。"这两个肩膀挺怪，人非常老迈了，肩膀却依然很强健，脖子也依然很壮实。"

圣地亚哥是一位生活简陋、生活拮据的老人。

他住在窝棚里，"窝棚用大椰子树的叫作'海鸟粪'的坚韧的苞壳做成，里面有一张床、一张桌子、一把椅子和泥地上一处用木炭烧饭的地方。"看下面一段对话，这些对话能够读出老人的生活境况，艰难困窘。

"有什么吃的东西?"

"有锅鱼煮黄米饭。要吃点吗?"

"不。我回家去吃。要我给你生火吗?"

"不用。过一会儿我自己来生。也许就吃冷饭算了。"

"我把渔网拿去好吗?"

"当然好。"

实际并没有渔网,孩子还记得他们是什么时候把它卖掉的。然而他们每天要扯一套这种谎话。也没有什么鱼煮黄米饭,这一点孩子也知道。

圣地亚哥是一位以捕鱼为生的老人。

他睡着了,"他的衬衫上不知打了多少次补丁,弄得像他那张帆一样,这些补丁被阳光晒得褪成了许多深浅不同的颜色",说明了这是一个靠捕鱼维持生计的老人,没能捕到鱼,就会食不果腹。

"老人慢腾腾地喝着咖啡。这是他今儿一整天的饮食,他知道应该把它喝了。好久以来,吃饭使他感到厌烦,因此他从来不带吃食。他在小船的船头上放着一瓶水,一整天只需要这个就够了。"从文中的这段叙述可以得到证实。

圣地亚哥是一位丧偶的老人。

妻子的遗物——一幅彩色的耶稣圣心图和另一幅科布莱圣母图。墙上一度挂着幅他妻子的着色照,但他把它取下了,因为看了觉得自己太孤单了,它如今在屋角搁板上,在他的一件干净衬衫下面。

(二)

圣地亚哥是一位"倒霉"、消瘦憔悴的、强壮结实、以捕鱼为生、生活拮据的丧偶的老人,在他孤独的生活中,又是一位怎样的老人?

孤独中有温暖,他还是一位备受孩子关爱的老人。

老人教会了这孩子捕鱼,孩子爱他。孩子离开老人跟随别人捕鱼，是迫不得已，用他自己的话说"是爸爸叫我走的。我是孩子，不能不听从他"。

看小男孩为他弄沙丁鱼的对话：

"我去弄沙丁鱼来好吗？我还知道上哪儿去弄四条鱼饵来。"

"我今天还有自个儿剩下的。我把它们放在匣子里腌了。"

"让我给你弄四条新鲜的来吧。"

"一条。"老人说。他的希望和信心从没消失过。现在可又像微风初起时那么清新了。

"两条。"孩子说。

"就两条吧。"老人同意了。"你不是去偷的吧？"

"我愿意去偷。"孩子说。"不过这些是买来的。"

再看小男孩为他弄来晚饭的对话：

"你拿来了什么？"他问。

"晚饭。"孩子说。"我们就来吃吧。"

"我肚子不大饿。"

"得了，吃吧。你不能只打鱼，不吃饭。"

"我这样干过。"老人说着，站起身来，拿起报纸，把它折好跟着他动手折叠毯子。

"把毯子披在身上吧。"孩子说。"只要我活着，你就决不会不吃饭就去打鱼。"

"这么说，祝你长寿，多保重自己吧。"老人说。"我们吃什么？"

"黑豆饭、油炸香蕉，还有些纯菜。"

老人上岸后小男孩的表现：

"现在我们又可以一起钓鱼了。"

"不。我运气不好。我再不会交好运了。"

"去它的好运。"孩子说。"我会带来好运的。"

"你家里人会怎么说呢?"

"我不在乎。我昨天逮住了两条。不过我们现在要一起钓鱼,因为我还有好多东西需要学。"

"我们得弄一支能扎死鱼的好长矛,经常放在船上。你可以用一辆旧福特牌汽车上的钢板做矛头。我们可以拿到瓜纳巴科亚去磨。应该把它磨得很锋利,不要回火锻造,免得它会断裂。我的刀子断了。"

"我去弄把刀子来,把钢板也磨磨快。这大风要刮多少天?"

"也许三天。也许还不止。"

"我要把什么都安排好。"孩子说。"你把你的手养好,老大爷。"

"我知道怎样保养它们的。夜里,我吐出了一些奇怪的东西,感到胸膛里有什么东西碎了。"

"把这个也养养好。"孩子说。"躺下吧,老大爷,我去给你拿干净衬衫来。还带点吃的来。"

"我不在这儿的时候的报纸,你也随便带一份来。"老人说。

"你得赶快好起来,因为我还有好多东西要学,你可以把什么都教给我。你吃了多少苦?"

"可不少啊。"老人说。

"我去把吃的东西和报纸拿来。"孩子说。"好好休息吧,老大爷。我到药房去给你的手弄点药来。"

"别忘了跟佩德里科说那鱼头给他了。"

"不会。我记得。"

孩子出了门,顺着那磨损的珊瑚石路走去,他又在哭了。

他是一位以海为伴,以海中生物为友、同情弱者的老人。

他喜欢绿色的海龟和玳瑁,他喜欢飞鱼,把飞鱼视为海洋上的主要朋友,他喜欢海龟和玳瑁,替鸟儿伤心,同情那些柔弱的黑色小燕鸥。

夜间，两条海豚游到小船边来，他听见它们翻腾和喷水的声音。他能辨别出那雄的发出的喧闹的喷水声和那雌的发出的喘息般的喷水声。"它们都是好样的。"他说。"它们嬉耍，打闹，相亲相爱。它们是我们的兄弟，就像飞鱼一样。"他把海豚看作自己的兄弟，是相亲相爱的一家人。

他还是一位有着精神动力的老人。
文中多次写狮子：

"在这以后，他梦见那道长长的黄色海滩，看见第一头狮子在傍晚时分来到海滩上，接着其他狮子也来了，于是他把下巴搁在船头的木板上，船抛下了锚停泊在那里，晚风吹向海面，他等着看有没有更多的狮子来，感到很快乐。"他不再梦见风暴，不再梦见妇女们，不再梦见伟大的事件，不再梦见大鱼，不再梦见打架，不再梦见角力，不再梦见他的妻子。他如今只梦见一些地方和海滩上的狮子。它们在暮色中像小猫一般嬉耍着，他爱它们，如同爱这孩子一样。文章结尾写道："在大路另一头老人的窝棚里，他又睡着了。他依旧脸朝下躺着，孩子坐在他身边，守着他。老人正梦见狮子。"

这些狮子是力量的象征，有它们陪伴就有强大的精神动力。

（三）

圣地亚哥是一位渴望孩子陪伴的孤独老人。
文中多处描写老人的心理。

"但愿那孩子在这儿就好了。"老人说出声来，"我正被一条鱼拖着走，成了一根系纤绳的短柱啦。"

"但愿孩子在就好了。可以帮我一手，让他见识见识这种光景。"

"但愿孩子在这儿就好了。"他说出声来,把身子安靠在船头的边缘已被磨圆的木板上,通过勒在肩上的钓索,感到这条大鱼的力量,它正朝着它所选择的方向稳稳地游去。

"可是孩子并不在这里,他想。你只有你自己一个人,你还是好歹回到最末的那根钓索边,不管天黑不黑,把它割断了,系上那两卷备用钓索。"

"但愿那孩子在这儿,并且我手边有点儿盐就好了。"他说出声来。

"要是那孩子在这儿,他可以给我揉揉胳臂,从前臂一直往下揉,他想。不过这手总会松开的。"

在他捕鱼的过程中一直渴望有孩子的陪伴,一直盼望着有个帮手来战胜大马林鱼。虽然孩子没在,但是似乎孩子也是他的力量之源。下面文段中写道:

"捕鱼养活了我,同样也快把我害死了。那孩子使我活得下去,他想。我不能过分地欺骗自己。"

足见孩子在老人心中的分量,孩子也是老人精神的寄托。最后老人在与鲨鱼的五次搏斗后,依然想到孩子,他想到孩子可能会为他担心,为他牵挂。

圣地亚哥是一位享受孤独的老人。

他常常自言自语:

"鲯鳅。"老人说出声来。"大鲯鳅。"

老人此刻抬眼望去,看见那只鸟儿又在盘旋了。"它找到鱼啦。"他说出声来。

"这只鸟真是个大帮手。"老人说。

"长鳍金枪鱼。"他说出声来。"拿来钓大鱼倒蛮好。它有十磅重。"

"要是别人听到我在自言自语,会当我发疯了。"他说出声来。"不过既然我没有发疯,我就不管,还是要说。"

"来吧。"老人说出声来。"再绕个弯子吧。闻闻这些鱼饵。它们不是挺鲜美吗?趁它们还新鲜的时候吃了,回头还有那条金枪鱼。又结实,又凉快,又鲜美。别怕难为情,鱼儿。把它们吃了吧。"

"它会咬饵的。"老人说出声来。"求天主帮它咬饵吧。"

"它咬饵啦。"他说。"现在我来让它美美地吃一顿。"

"再吃一些吧。"他说。"美美地吃吧。"

这些自言自语道出了老人捕鱼的常态、状态与心态,他虽然孤独,但是不甘于孤寂;他虽然孤独,但是他享受孤独,孤独中有他的乐观,有他的淡定。

圣地亚哥是一位出海很远的老人。

"这时天渐渐亮了,他发现自己已经划到比预期此刻能达到的地方更远了"表明他自己没料到这么远。

"大鱼一刻不停地游着,鱼和船在平静的水面上慢慢地行进。"暗示船行驶得越来越远。

然而过了四个钟点,那鱼照样拖着这条小船,不停地向大海游去,老人呢,依然紧紧攥着勒在背脊上的钓索。"我是中午把它钓上的。"他说。"可我始终还没见过它。"再次表明船在不知不觉中向远方行驶。

"老人凭着观察天上的星斗,看出那鱼整整一夜始终没有改变它的路线和方向。"船向远方行驶已经身不由己。

"它在朝北走啊。"老人说。海流会把我们远远地向东方送去。船还在继续向前滑行。

"他舒舒服服地靠在木船舷上,忍受着袭来的痛楚感,那鱼稳定地游着,小船穿过深色的海水缓缓前进。"在大鱼的牵制下,船还在缓慢行进。

"月亮升起有好久了，可他只顾睡着，鱼平稳地向前拖着，船驶进云彩的峡谷里。"船滑向了深处。

"下午渐渐过去，快近傍晚了，他除了海洋和天空，什么也看不见。空中的风比刚才大了，他指望不久就能看到陆地。"这是他战胜铲鼻鱼时的情景，可见船已经走得很远很远。

"半条鱼。"他说。"你原来是条完整的。我很抱歉，我出海太远了。我把你我都毁了。不过我们杀死了不少鲨鱼，你跟我一起，还打伤了好多条。你杀死过多少啊，好鱼？你头上长着那只长嘴，可不是白长的啊。"

经过与鲨鱼的五次搏斗，老人依然显出他的坚韧与勇敢，但是出行的太远了，茫茫大海中的一叶扁舟，茫茫大海中的一位瘦弱老人，尽管他风烛残年，但是他的果敢、执着、乐观无不让人赞叹，同时，也为他航行太远，无人能助，感到惋惜。但是这些不能摧毁他在我们心中的挺拔伟岸的形象。

圣地亚哥是一位出海捕鱼技艺娴熟的老人。

我们先看看他捕鱼前的准备，放鱼饵的那一刻：

"不等天色大亮，他就放出了一个个鱼饵，让船随着海流漂去。有个鱼饵下沉到四十英尺的深处。第二个在七十五英尺的深处，第三个和第四个分别在蓝色海水中一百英尺和一百二十五英尺的深处。每个由新鲜沙丁鱼做的鱼饵都是头朝下的，钓钩的钩身穿进小鱼的身子，扎好，缝牢，钓钩的所有突出部分，弯钩和尖端，都给包在鱼肉里。每条沙丁鱼都用钓钩穿过双眼，这样鱼的身子在突出的钢钩上构成了半个环形。不管一条大鱼接触到钓钩的哪一部分，都是喷香而美味的。"

这段文字从鱼饵下沉的"深处"到沙丁鱼做鱼饵"头朝下"的姿势，再到钓钩的"穿法"，这些细节都突出老人放鱼饵过程的讲究。

"这时老人紧盯着那三根挑出在小船一边的钓竿，看看有没有动静，一边缓缓地划着，使钓索保持上下笔直，停留在适当的水底深处。天相当亮了，太阳随时会升起来。"

这里面的"紧盯""保持""停留"都体现出老人捕鱼的老练与沉着。

"离天亮还有点时候，有什么东西咬住了他背后的一个鱼饵。他听见钓竿啪的折断了，于是那根钓索越过船舷朝外直溜。他摸黑拔出鞘中的刀子，用左肩承担着大鱼所有的拉力，身子朝后靠，就着木头的船舷，把那根钓索割断了。然后把另一根离他最近的钓索也割断了，摸黑把这两个没有放出去的钓索卷儿的断头系在一起。他用一只手熟练地干着，在牢牢地打结时，一只脚踩住了钓索卷儿，免得移动。他现在有六卷备用钓索了。他刚才割断的那两根有鱼饵的钓索各有两卷备用钓索，加上被大鱼咬住鱼饵的那根上的两卷，它们全都接在一起了。"

"摸黑拔出""把那根钓索割断""牢牢地打结""全都接在一起了"既突出老人的熟练，又突出了老人的智慧。

圣地亚哥是一位敬佩对手的老人。
他与大马林鱼僵持着，由衷地赞美。

"它真出色，真奇特，……我从没钓到过这样强大的鱼，也没见过行动这样奇特的鱼。"

"鱼啊。"他说，"我爱你，非常尊敬你。不过今天无论如何要把你杀死。"

"这条鱼也是我的朋友。"他说出声来,"我从没看见过或听说过这样的鱼。不过我必须把它弄死。"

他与鲨鱼搏斗后,赞誉与安慰。

它是美丽而崇高的,见什么都不怕。"我杀死它是为了自卫。"老人说出声来。"杀得也很利索。"

这是一位勇敢执着、战胜对手的老人。

他战胜了大马林鱼。

"不知道它有没有什么打算,还是就跟我一样地不顾死活?""鱼啊。"他轻轻地说出声来,"我跟你奉陪到死。"

"不顾死活""奉陪到死"写出了老人的坚毅与勇敢。

那条大鱼掀动了一下,把他拖倒在地,脸朝下,眼睛下划破了一道口子。鲜血从他脸颊上淌下来。但还没流到下巴上就凝固了,干掉了,于是他挪动身子回到船头,靠在木船舷上歇息。他拉好麻袋,把钓索小心地挪到肩上另一个地方,用肩膀把它固定住,握住了小心地试试那鱼拉曳的分量,然后伸手到水里测度小船航行的速度。

他靠说话来鼓劲,因为他的背脊在夜里变得僵直,眼下真痛得厉害。

他用右手小心地摸摸钓索,发现手上正在淌血。

"这算什么手啊。"他说。"随你去抽筋吧。变成一只鸟爪吧。对你可不会有好处。"

老人的脸划伤了;脊背僵直,痛得厉害;手已淌血,手在抽筋。

"它比这小船还长两英尺。"老人说。……他明白,要是他没法用稳定的劲儿使鱼慢下来,它就会把钓索全部拖走,并且绷断。

面对这么一条大鱼，老人的意志稍一薄弱，就会砍掉钓索，彻底轻松，可老人没有，一直在与大鱼对峙着，抗衡着。

"可是我要把它宰了。"他说。"不管它多么了不起，多么神气。""这条鱼也是我的朋友。"他说出声来，"我从没见过或听说过这样的鱼。不过我必须把它弄死。"

面对这么了不起的大鱼，老人表现出的是自己的果敢与坚毅。
圣地亚哥更是一位坚定、乐观的老人。

"他并不真的觉得好过，因为钓索勒在背上疼痛得几乎超出了能忍痛的极限，进入了一种使他不放心的麻木状态。不过，比这更糟的事儿我也曾碰到过，他想。我一只手仅仅割破了一点儿，另一只手的抽筋已经好了。我的两腿都很管用。再说，眼下在食物方面我也比它占优势。"

"我现在还有什么事可想？他想。什么也没有。我必须什么也不想，等待下一条鲨鱼来。但愿这真是一场梦，他想。不过谁说得准呢？也许结果会是好的。"

"要是它们夜里来，你该怎么办？你又有什么办法？""跟它们斗。"他说。"我要跟它们斗到死。"

圣地亚哥不向困难低头，不向磨砺说不，他是一位永不服输的斗士，泰然自若接受失败。他是一位积极向上的智者，乐观坚定。

从一个"圣地亚哥"到一群"圣地亚哥"

圣地亚哥在文学史上是最著名的"硬汉"形象之一，他的硬汉精神内涵丰富，我们可以多元理解。

硬汉的"硬"有"硬气"之意

作为以捕鱼为生的圣地亚哥，八十四天，没逮住一条鱼，但是他从来没有怀疑过自己的能力，始终相信自己最终能捕到鱼；暂时捕不到鱼只是"倒霉"，运气不好。最终，他凭借着捕鱼的经验，娴熟的技巧，立足于捕鱼之业的"硬气"，引大马林鱼上钩，与大马林鱼周旋，最后征服大马林鱼，把它捆绑在小船儿之侧。这无不是老人"硬汉"形象的最好例证。

硬汉的"硬"有坚硬、不屈服之意

圣地亚哥的不屈服，不仅表现在他在倒霉厄运面前不低头，在生活丧偶中不沮丧，在生活拮据中不抱怨，在孤独中不寂寞；还表现在他与大马林鱼智慧地对峙中，强悍的对手未让他丧失战斗的决心，顽强地战斗使大马林鱼终成战利品。他的坚持，他的顽强，他的不屈服，是从他骨子中激发的斗志，"人不为失败而生，是为战胜失败而生"透着他铁骨铮铮，钢铁般的意志与顽强。

硬汉的"硬"是老人独有的精气神，是他人难以超越精神的强悍

他虽然消瘦憔悴，但肩膀强健，脖子壮实。两只眼睛跟海水一个颜色，透出挺开朗、打不垮的神气。他欣赏对手，有博大的胸襟；他崇敬偶像，仰望精神的崇高；他抱着无比决心，一次次击退鲨鱼的来袭；长时间失败未击垮他坚强的神经，众多同行的否定未击垮他的信心，在他看来，这些都不足以改变他的精气神，他就是打不垮的"硬汉"。

圣地亚哥的"硬"汉精神，是对理想的坚守，对困难的战胜，对厄运的抗争，他对马林鱼的制服，对鲨鱼的搏斗就像一首激昂、急促、铿锵的乐曲，高亢奋进。

他是一个文学形象，也是一个文化的符号，他承载的精神不论国界，不分古今。

一个圣地亚哥，让我们浮想联翩……

想到了"留胡节不辱"的苏武；想到了"风萧萧兮易水寒，壮士一去兮不复还"的荆轲；想到了"持璧却立，倚柱，怒发上冲冠"的蔺相如；想到了"自古人生谁无死，留取丹心照汗青"的文天祥；想到了"蒸不烂、煮不熟、捶不匾、炒不爆、响珰珰一粒铜豌豆"的关汉卿。

他们就像电视剧《亮剑》中李云龙一样，"明知是个死，也要宝剑出鞘"。这种硬汉形象在古代历史中不乏其人，在当今时代中也屡见不鲜。

有"拜万人师，谋万家居"，突破阻挠，毅然回国"不因困难而挫志的"吴良镛；有"带着300多幅卫星遥感图，对1000多个洼地进行比选，走遍西南山区上百个窝凼，"最终找到"天眼"最适合的建造地点的南仁东；有"要给这个世界留下一点东西"的材料学家闵乃本；有"让世界提到高铁就想到中国"的院士王梦恕；有"要在速度没慢下来时，把棒子交给下一代"的物理冶金学家周尧和；有"隐姓埋名二十载大漠深处写忠诚"的两弹元勋程开甲……

这一群英雄"硬汉"活得硬气，活得坚强，活得有精神动力。面对困难，他们磨砺心志，锻造品格，感召他人，其精神是永不沉没的航标。

《平凡的世界》导读

欲语文素养之高，求阅读与写作双赢

——以《平凡的世界》为例谈整本书阅读

新版课标把语文学科核心素养凝练、整合成四个方面：**语言建构与运用、思维发展与提升、文化传承与理解、审美鉴赏与创造。**

其中，语言建构与运用是语文学科所特有的，也是其他三项的基础。

既然是"特有"，就要突出"语言建构与运用"这一语文教学的特色，怎么建构？怎么运用？建构就得有学习的"场"，运用就得有运用的"境"，这个"场"和"境"来自我们的生活、学习和工作。从语文学习的角度来谈，学习的"场"来源于我们的阅读，运用的"境"来自我们的表达，书面表达与口语表达，打通"场"和"境"的通道就是读与写的结合。读的问题解决了，写的问题解决了，语文核心素养的中的"基础"才有可能落实。

面临新课标的面世，新课改的来袭，作为语文教师，自然而然地面临怎么教学更符合新课标提高语文学科核心素养的要求，怎么教学更能适应未来高考的问题。

尤其是本次课标修订的一大亮点——"学习任务群"。18个语文学科学习任务群，会"干扰"到我们以前的教学，会对以前教学有一个"扬弃"，会对教师教学思想、教学理念、教学方法、语文课程资源的挖掘利用、语文课程的设计等方面带来新思考、新感悟、新行动。其中两个任务群——整本书阅读与研讨、文学阅读与写作——凸显阅读与写作的重要地位。下面我以《平凡的世界》为例，谈一谈整本书的阅读，进而谈谈阅读与写作双赢，促进语文素养的提高。

钱梦龙说"语文课要实实在在地教会学生读书"。那么教什么才能教会孩子读书呢？重要一点就是教会孩子读书的方法。阅读《平凡的世界》时，我引导学生做到以下三点。

一、要宏观了解，捕捉兴趣点

苏霍姆林斯基说过："所有智力方面的工作，都依赖于兴趣。"寻找兴趣点，实际上就是在寻求阅读的突破口。教师引导学生寻求读《平凡的世界》的兴趣点：

是放在"将自己的苦难的人生经历投射在自己作品人物"的路遥身上，还是放在与作者经历有极其相似度的主人公孙少平身上？是放在对陕西高原这片黄土地充满眷恋之情的孙少安身上，还是放在以孙家为主线的爱情故事上？抑或是放在通过描绘了中国农村广阔的生活画面，表现普通人民群众的贫困生活和坎坷命运，展现他们为改变自身生活和命运精神上的艰难历程的主题与环境上？

……

二、要微观品读，渐入佳境

阅读整本书需要比较长的时间，怎样确保前后阅读状态的连贯，怎样梳理前后获得的信息，怎样形成相对完整的感受？需要学生在阅读过程中不断探索，找到合适的方式。因为阅读容量大，时间跨度长，更需要学生合理规划，用良好的阅读习惯确保阅读收益。微观阅读采用了三步走。

第一步，任务驱动，确定重心，扎实高效

每个小组同学在导读基础上、在广泛了解名著核心内容的前提

下，展开交流，分别确定了以下七个专题：

1. 孙少安的四次选择；
2. 从时代背景看孙少安的致富路；
3. 孙少平的成长经历；
4. 孙少安与孙少平的不同成长之路；
5. 读书改变命运；
6. 关于孙少平一生的爱情；
7. 平凡世界中的不平凡。

这样做，把学生推向阅读的前台，他们在教师的组织下成了阅读的主体，达到新课改"以人为本"的目的与要求。

第二步，指导阅读，方法突破，阅读有效

叶圣陶说："在阅读一事的本身，教师没给一点儿帮助，就等于没有指导。"《平凡的世界》100多万字，即便确定下来了阅读主题，但在一个相对较短的时间段很难实现，所以必须改变以往单篇文章采用精读的阅读方法。在真正开展《平凡的世界》阅读前，我上了一节专题阅读方法指导课，学会综合运用精读、默读、浏览、跳读、猜读、比较等阅读方式，完成小组确定的专题，并力求做到以下几点：

1. 精读兴趣点的重心；
2. 关注细节；
3. 圈点勾画；
4. 边读边记；
5. 梳理分类；
6. 整合、概括；
7. 形成思维导图。

阅读方法的改变，可以有效提高阅读速度，适应阅读量不断增加的语文高考。

第三步，自主阅读，合作探究，专题突破

"自主阅读"是基于兴趣或任务的主动阅读，有利于原汁原味地咀嚼消化吸收，从而达到品味鉴赏的目的；"合作探究"是在自己选择角度研读的情况下的合作交流，从而起到交换思想、交流方法、开阔语言文字运用新视角、提升自主学习能力和语文课程的实践能力的目的。这样做，既可激发学生阅读兴趣，加强学生快速阅读、有效阅读，又可验证学生阅读的效果，从而促使教师改变教学方式。

教师从单篇教学模式走向专题教学模式。以前课堂上使用的语文教材以单篇文章为主，阅读时间短、阅读目的单一，难以建构文章间的意义关联，散点式阅读的倾向比较明显。而专题教学模式更适合整本书阅读，整本书阅读不一定咬文嚼字，甚至可以不求甚解，教学内容上虽有文本，但是不以文本为纲，不求完备、系统的知识。突出阅读整体性，贵在教会学生思维与表达、审美与鉴赏，同时传承与理解文化，满足他们学习、生活和日后工作对语言运用基础能力的需求。

三、输入输出，读写结合

阅读与写作就像鸟的双翼，只有双翼平衡，才能飞得更远；阅读与写作只有同时积淀，才能提升语文核心素养，才会真正实现以"语言建构与运用"为基础的"思维发展与提升、审美鉴赏与创造、文化传承与理解"。阅读是素养之源，是输入；写作是素养之流，是输出。源清流洁，要处理好阅读输入与写作输出的"源"与"流"的关系。

欲木之长者，必固其根本；欲语文素养之高者，必求阅读与写作的双赢。作为语文教师，我时时记着是在教语文，而不是在教高考；着眼于语文素养，实现阅读与写作双赢，一定引导学生适应将来的高考。

为什么田晓霞这个美丽身影从此逝去?

——《平凡的世界》

一、是故事情节自然发展的结果

首先让我们先回忆三个特写镜头。

第一个特写:"直升机掠过浪涛翻滚的水面,降落在地区师专的大操场上。成千上万的人包围了飞机。省上的领导在一片恸哭声中走下来。地市领导像一群孤儿找到了爹娘,流着悝惶的泪水和上级领导紧紧握手。"这一特写道出了田晓霞所去之地是处于困境、形势紧迫之地;是急待救援、极其危险之地。

第二个特写:"田晓霞走下直升机后,豁开大哭小叫的人群,走出师专,单枪匹马向洪水淹没的城内跑去。她把黄挎包背在身上,衣服很快被瓢泼雨浇得透湿。茫茫的洪水带着可怕的喧吼在眼前汹涌而过。在黎明的微光中,看见水面上漂浮着各种各样的东西。"这一特写道出了田晓霞为了救人已经不顾个人的安危,早已将个人的生死置之度外。

第三个特写:"突然发现不远处洪水中有一个小女孩抱着一根被水淹了一半的电线杆,在风雨水啸中发出微弱的哭声,眼看就要被洪水吞没了,她几乎什么也没想就跳进水中。"这一特写道出了晓霞的善良与担当,无助与救助,她的死是情势所迫,是故事情节自然发展的结果。且看小说情节发展中的几次蓄势"本地邮电局的载波室被洪水吞没,城市和外界的联系已经隔绝了几个小时""谁也不知道,现在已经被洪水卷走了多少人""不到二十分钟,该部队就有三十多人为抢救群众的生命献出了自己的生命""江面上,死尸和绝望的活人顺水而下",这些都不是闲来之笔,而是在暗示这场不可避免的悲剧。

二、是文学形象凸显的文学意义

田晓霞是孙少平的精神导师。孙少平与田晓霞从初识,到读书看报,到谈天说地,到收获爱情的甜蜜。一路走来,孙少平被田晓霞引领到了另外一个天地。在她的影响下,孙少平拥有广阔的视野,客观看待自己和周围事物,对生活增加了自信。田晓霞对他说:"孙少平,你是一个平凡的人,但是你可以变得不平凡。"所以,在某种意义上,这个女孩子是他的思想导师和生活引路人,使他的思想插上翅膀,在更为广阔的天地里恣意飞翔。孙少平是路遥笔下完美的男神,田晓霞在他的成长历程中不可或缺,包含田晓霞的死,促使孙少平进一步成熟。田晓霞的逝去,对文学作品中文学形象的塑造起到不可小觑的作用。

三、是作者理想与现实的矛盾、纠结

路遥《平凡的世界》中存在着两个世界,一个是理想的世界,一个是现实的世界。在现实的世界,我们很理想;在理想的世界,我们很完美。孙少平和田晓霞的爱情建立在对文学有着共同爱好与追求的基础之上,是离开物质追求精神的爱情,是远离现实追求理想的浪漫。一个是双水村的农民的儿子,一个是拥有权势的高官之女。一个是煤矿工人,一个是省报记者。一个是衣衫褴褛,脸庞菜色;一个是容貌姣好,气质非凡。一个来自繁华的都市,是职业记者,散发着现代生活优越的气息;一个来自农村,是普通矿工一员,身上带着洗不净的煤尘和汗臭味。这种条件相差悬殊的爱情能够甜美是一种理想的世界。

有人说,这种理想不现实,他俩是当代版的牛郎与织女,董永与七仙女。他俩的爱情追求一种精神的崇高，是一种离开现实的理想。我们常说，理想很丰满，现实很骨感。孙少平和田晓霞这两个近乎完美的青年，为了这份浪漫而真挚的爱情要修成正果，一定要跨越横在他们眼前的现实"鸿沟"，所以，我觉得田晓霞的逝去是现实与理想的较量，是完美与不完美的纠结与矛盾。田晓霞的死，埋葬了一段游离于现实土壤的爱情。田晓霞的死，曾令路遥痛哭流涕，喃喃自语；他打电话把远在外地的弟弟叫来，告诉他："田晓霞死了，田晓霞死了！"

另外，我们从现实世界中路遥的生活中挖掘。孙少平与田晓霞的爱情其实是路遥与妻子林达真实的上演，读厚夫的《路遥传》，能感受到这一点。路遥的妻子林达是北京下放到陕北农村的知青，两人因文学结缘，走到了一起。林达很有能力，很有才气，为了路遥，她放弃了上大学的选择。有人说，"林达嫁给了路遥，而路遥则'嫁'给了文学"。路遥把全部的精力都投在创作，甚至蓬头垢面，饮食不均，穷困不堪，他的《平凡的世界》出版并获得茅盾文学奖后，他不得不从弟弟手里借钱，凑足从陕西到北京的往返路费。生活上顾及不了妻女。他的婚姻并不幸福，在创作《平凡的世界》第三部时，已经感觉到了他与林达之间冰冻三尺非一日之寒。

四、是文学艺术的魅力价值

从艺术创作的角度，悲剧，就是把美好的事物毁灭给人们看。田晓霞是路遥心目中的一个天使。这个天使的离去无疑是路遥本人以及《平凡的世界》所有读者心中一个永远的痛。这不能为读者甚至不能为作者接受的痛，会给我们的思考带来启迪。

因此，田晓霞这个美丽身影的逝去，我觉得是符合真实情境的故事的自然发展，是作者的顺势而为，是路遥的理性构思。这一人物的去世不管是对孙少平进一步成熟，还是对作品主题的深度挖掘都富有独特的意义和价值，绝不是作者的"败笔"。

《骆驼祥子》导读

画人物关系图，使我们的思维走向深入

——以《骆驼祥子》为例

思维的发展与提升，是语文四大核心素养之一。落实核心素养，有效提升学生的思维能力，需要我们在实际教学当中寻求合适的载体。

假期我与学生共读《骆驼祥子》，开学进行作业反馈。

反馈方式之一：合上书，拿出纸，画出小说中的人物关系图。

为什么要画人物关系图呢？画人物关系图有三点好处：

一是回忆故事情节，由人物串联故事，便于复述；

二是把握人物之间的关系，为分析人物所处的社会环境及人文环境做好铺垫；

三是使平面的人物变得立体，带我们的思维走向深入。

画人物关系图，大致经历以下思维过程：

一、点状思维，列出涉及的人物

点状思维就是零散的知识点，相互没有关联、散落在大脑的空间里，随时会忘记。阅读一篇小说，如果不去尝试回忆小说中的人物，不找到人物之间的关联，也会随着时间的流逝慢慢忘记。

回忆小说中出现的人物，一般都会以主要人物为核心，去想和他有关联的人物。这些人物可能是按故事情节的发展罗列的，也可能是按照一定的关系列出的,这种列出不一定逻辑性强,但尽可能将人物列全,尤其是主要人物。比如祥子、刘四爷、虎妞、孙侦探、曹先生、小福子、二强子等。

围绕"祥子"想到的一系列人物都是点,即思维的"散点",这是我们思维的表层,一般都能做到,只要是熟悉小说,这些"散点"列全都不成问题,但问题是点状思维会使我们认知肤浅,不能走向深入。

二、线性思维,寻求人物关系

线性思维就是通过归纳和演绎方式对知识进行的线性连接,可以解决一些简单问题。

画人物关系图,需要线性思维,即把尽可能列全的人物串联,将散落的点——人物,一一连缀。比如,把祥子与虎妞连线,把祥子与刘四爷连线,把刘四爷与虎妞连线,把祥子与孙侦探连线,把祥子与小福子连线,把祥子与二强子连线,把二强子与小福子连线,把虎妞与小福子连线,连着连着,故事的前因后果,就理清了,祥子的三起三落也就明了。但是这种散点连缀,是一种直线的、单向的、单维的地思考,对我们熟悉故事情节有利,但还不能将我们的思考引向深入。

三、结构思维,搭建人物框架

将我们思考引向深入的是结构思维。结构思维是把多个逻辑知识进行结构化整理,形成稳定的结构思维。

这种结构思维用在语文阅读中,是把我们搜集到的信息按一定的逻辑进行归总,整合,形成框架,继而让繁杂的问题简单化,最终能够透过现象看本质,从发现问题到解决问题。画人物关系图,就是将散落的人物有机联系,分组整合,梳理探究,挖掘框架现象背后的内涵。

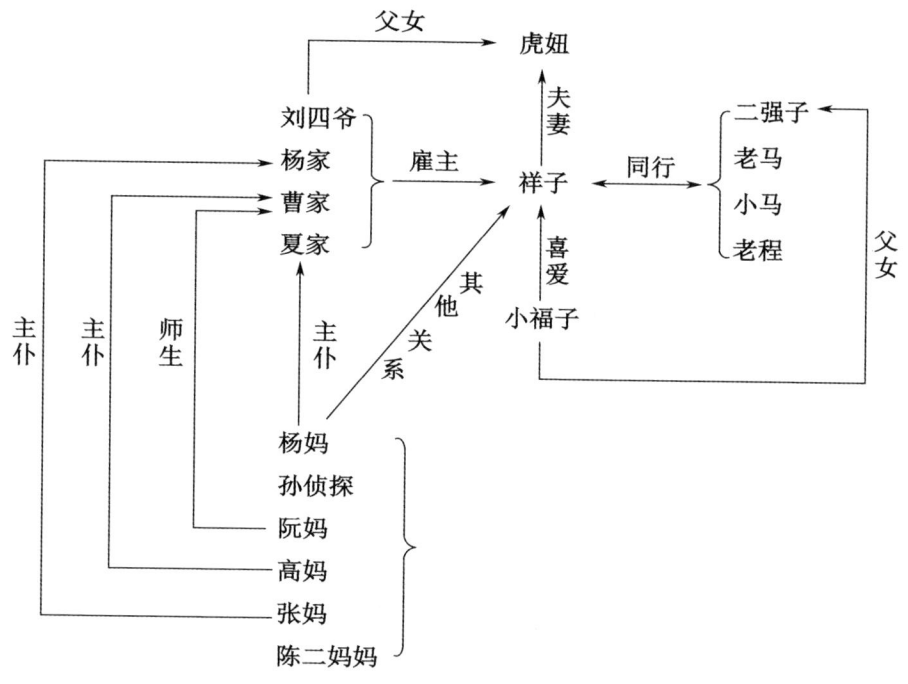

学生李天宇画的人物关系图

学生读《骆驼祥子》把人物按照爱情关系、雇主关系、主仆关系、亲情关系、同行关系等分组，这样的有机框架，会使我们的思考走向深入。

这幅人物关系图右上角从同行的角度把"老马儿、小马儿、二强子、老程"放到一起，实际上还有高个子和矮个子，这一框架的表面是同行关系，但细细品读这些车夫的故事，不难发现有关祥子的心理：

"那一老一少似乎把他的最大希望给打破了——老者的车是自己的呀！"［第十章］

"祥子想起白天高个子的话！睁着眼看着黑暗，看见了一群拉车的，作小买卖的，卖苦力气的，腰背塌不下去，拉拉着腿。他将来也是那个样。"［第十六章］

"他将要变成二强子，变成那回遇见的那个高个子，变成小马儿的祖父。祥子完了！"[第十八章]

"似乎看透了拉车是怎回事，不再想从这里得到任何的光荣与称赞"，"也不想买车，只是（把钱）带在身旁，作为预备——谁知道将来有什么灾祸呢！"[第二十章]

把这些心理描写聚拢到一起，我们看到的不只是祥子，而且是群体车夫；看到的不仅是群体车夫，而且是祥子的一生：小马儿（少年）——高个子（青壮年）——二强子（中年）——老马儿（老年）。老舍笔下的群体车夫，就是祥子的一生的人生轨迹。

因此，这不仅是人力车夫祥子的辛酸史，也是一群人力车夫的辛酸史，还是生活在底层劳苦大众在黑暗动荡社会为了生计苦苦挣扎的辛酸史。

祥子彻底垮掉了，这种垮不仅是身体的垮，更是心灵的伤，精神上的垮，他的悲剧是时代的悲剧，也是祥子从一个勤劳质朴的农民蜕变为行尸走肉的真正原因。

雨果说："在深入缜密的思维中，才能发现真理。"所以，学生思维深刻性的培养特别重要。画人物关系图，不仅能让我们从识记、理解能力走向分析综合，还会使我们从分析综合走向鉴赏评价与深入探究，将我们的思维引向深入。

祥子与车的距离到底有多远？

读完《骆驼祥子》，始终在思索一个问题，祥子与车的距离到底有多远？

时间上的距离，是一年，两年，三年，还是一辈子？空间上的距离，是人和车场、杨先生家、曹先生家，还是夏先生家？从时间上看，漫长，祥子一生都在追求自己的梦想——拥有自己的车；从空间上看，遥远，总是捕捉不定。

今天我们不想从时间与空间上谈祥子与车的距离，只想从心理距离和现实距离上看看祥子与车的距离到底有多远。

从心理距离来看，我认为是零距离。

回忆文本内容，开篇就谈到祥子的志愿——"自己的车，自己的生活，都在自己手里，高等车夫。"他年轻，有力气，聪明，努力，不怕吃苦；不吃烟，不喝酒，不赌钱，没有任何嗜好，没有家庭的累赘；下定决心牙里挤，饭里攒，风里来，雨里去，过三四年，相信自己必能打上顶漂亮的车！凭借自己青年的肌肉，达到志愿与目的，只是时间的问题。

有了自己的车，他如日中天，然后又燃起新的希望："干上二年，至多二年，又可以买辆车，一辆，两辆……他也可以开车厂子了。"

可是生活不如所愿，祥子被乱兵抓走，等到他带着三匹骆驼逃出来时，想到"骆驼与洋车的关系"，立马精神壮起来，快速立起来，扯起骆驼就走。后来来到刘四爷的人和车厂，把自己的积蓄交给刘四爷存着，等钱凑够了，再买上辆新车。即便是孙侦探把钱骗走了，他依然没有死心，后来虎妞来曹宅找他，他想用虎妞的钱买上车，自己去拉。

所以，"车"是祥子生活的梦想，是一种精神寄托，是一个农民来到北京城里谋生的工具，他对车的追求一直持续，因此，祥子与车从心理距离来看是零距离。

从现实距离来看，我认为是若即若离。

祥子用了整整三年的时间，凑足了一百块钱，买上了自己的车，这是"一即"。有了自己的车，拉车更起劲，舒服，和气，顺心，充满希望。可是，战争消息传来不久，一天拉车，在便道上，被十来个兵捉了去，他用几年血汗挣出来的那辆车，没了，这是"一离"。当卖骆驼得到三十五元，勤快踏实的祥子，继续努力挣钱想买车，这是"二即"。车款快要攒够的时候，孙探长又将车款勒索而去，这是"二离"。为了家庭和理想，祥子决定取虎妞为妻，虎妞为祥子买了车，这是"三即"。虎妞难产而死，祥子只能选择卖车为妻子料理后事，这是"三离"。

经过"三即三离"如过山车一样的颠簸，祥子的身体、精神、心灵都受到了伤害。从体格健壮到偶发疾病，再到后来他的病已不允许再拉车；从精神向上到"阿Q的精神疗伤"，从心灵的善良到心灵的麻木，那种要强要好似乎已经不复存在，"他吃，他喝，他嫖，他赌，他懒，他狡猾"，祥子不用说买车，他的信用连赁车都赁不出来了。

小说的结尾写道："体面的，要强的，好梦想的，利己的，个人的，健壮的，伟大的祥子，不知陪着人家送了多少回殡；不知道何时何地会埋起他自己来，埋起这堕落的，自私的，不幸的，社会病胎里的产儿，个人主义的末路鬼！"

品读这段文字，祥子从"不忘初心"到"初心健忘"，既源于个人的狭隘的个人主义，"他的命可以毁在自己手里，再也不为任何人牺牲什么"；也源于当时军阀混战、动荡的黑暗的社会。因此，内在的、外在的双重因素促使祥子与车的现实距离越来越远。

哀莫大于心死

——祥子的悲剧

祥子的悲情因素有多种，有社会的、有个人的。人们常说，环境造就性格，性格决定命运。今天我们不摊开来说，只想说说"哀莫大于心死"。

记得"夫哀莫大于心死，而人死亦次之"出自《庄子·田子方》。这里的"心"，是指人的精神世界，整句话的意思是说：一个人最大的悲哀是精神世界的死亡，而肉体的死亡则排在其次。

从这一点看祥子的悲剧命运是社会的，也是个人的，是个人在社会影响下的精神世界的毁灭。

"心死"缘由之一——奋斗目标被社会吞噬

战争的消息给人们带来忧惧，军阀的混战没有公道而言。努力、坚持的祥子经过三年奋斗得来的车一夜之间被乱兵抢劫，卖骆驼后努力攒下的钱轻而易举被孙侦探勒索，在虎妞帮助下买的一辆旧车为了埋葬虎妞也不得不放手。他埋葬了虎妞，也埋葬了理想。他的生活被不公平的社会剥夺，他的理想被黑暗社会吞噬，祥子由拥有奋斗目标的人沦为了彻彻底底的"走兽"，他是那个黑暗社会、军阀统治下的悲剧的产物。

"心死"缘由之二——坚韧意志被现实蚕食

祥子的奋斗充满波折，与车"三即三离"的他，一想到老马与小马儿,就觉得应该把一切的希望放下,乐一天是一天,该快活快活的时候就要快活,不快活就是地道的傻子,"过了这村便没有这店"。虎妞死了之后,他似乎看透了拉车是怎么回事,不想从拉车上得到任何的光荣与称赞。他认为刘四,杨太太,孙侦探该得恶报却没有,自己要强该得好处却未得。所以,他就认为要强没用,不如大大咧咧瞎混。"攒钱,买车,都给别人预备着来抢,何苦呢?何不得乐且乐呢?"祥子的坚韧棱角被黑暗现实磨平,意志被无情现实蚕食。

"心死"缘由之三——强健身体被精神压垮

小说写到祥子几次生病,他的身体每况愈下,但是这似乎不是最主要的,最主要的是他的精神压垮了他的身体。虎妞死后,没了车,也没了梦想。唯一的精神寄托在小福子身上,他从曹宅出来,满怀希望去找小福子,却落了空,听到小福子上吊的噩耗,最后的精神防线被冲洗得荡然无存,由自己的遭遇又自然联想到了小马儿爷孙俩。"既然找不到她,正像这老人死了孙子,为谁混呢?"祥子最后的精神寄托没了,生活黯然失色,小福子是压垮祥子精神的最后一根稻草。他明白自己跟瘦得出了棱的狗一样,"将就着活下去是一切",所以他不再要强、要好,而是懒散、无赖。

祥子由奋发有为、积极向上到丧失信心,萎靡不振,甚至走向堕落,由善良、有同情心,到自私、冷漠,离不开各种势力的剥削和命运的摆弄,但更主要的是他没有任何觉悟,他的"心死"是对个人奋斗目标、个人生活的"死",从没寻求凭借个人奋斗之外的其他出路,他的"心死"缘于狭隘的个人主义,缘于病态社会给百姓带来的"愚"。

《红岩》导读

透过人物形象分析寻求思维发展的轨迹
——以江姐为例

小说是重要的文学体裁之一,不管是在语文教材中,还是在目前高考中都占有重要的地位。阅读小说,不仅可以提高语言感悟能力,文学鉴赏水平,还可以促进思维的发展,将语文核心素养更好落地。

阅读小说,我们一定关注小说的三要素:环境、情节、人物。人物又是小说三要素的核心,所以,借助小说人物分析提升深度阅读的能力显得尤为重要。

今天就以江姐为例谈谈如何进行小说中人物形象分析。

一、紧贴文本的语言行走,从把握显性信息挖掘隐性信息

显性信息就是文本中有的信息,能够通过阅读快速锁定,可以通过筛选关键词得出的信息;隐性信息就是文本中没有直接的信息,只能通过分析之后进行概括得到的信息。

比如,成岗眼中的江姐:

成岗笑了起来,江姐的判断真准,她什么都猜到了。"对,为了节省人力,更好地保密,都有道理。"

再比如,当江姐听到被转移的名单中有自己时,文中这样描写:

江姐轻轻接过布包，看了看，又递还给孙明霞。"我不需要了。"江姐微微一笑。

这两个例子都突出江姐的判断力，只不过读第一个例子不难发现"判断"二字；第二个例子得靠我们对文本的分析得出，分析"我不需要了"的原因是江姐意识到情况不妙，这种意识就突出了江姐极强的判断力。因此，紧贴文本的语言行走，既是抓住显性信息的过程，也是通过分析、推理挖掘隐性信息的过程。

二、紧贴文本的语言行走，从无序走向有序

分析人物形象，我们一般按照行文顺序逐段分析、逐句推敲，圈点勾画，精当概括。这个过程是一个精读细品的过程，也是一个从无序走向有序的过程。将初步分析得出的结果进行整合，使分析得出的结果变得角度多元，条理清晰。

三、紧贴文本的语言行走，从点状思维走向结构化思维

点状思维就是零散的信息，相互之间缺少关联；结构思维是把我们分析得到的信息按一定的逻辑进行归总，整合，形成框架，继而让繁杂的内容简单化、清晰化。

比如下面这张PPT：

左面呈现的是按照行文顺序分析得出来的概括，但是这些概括的内容还相对庞杂，要想将其简单化，就要将这些点状的内容，连成线，再把线连成面，搭建出框架，形成结构化思维。

我们可以将江姐的形象分析得出的结果，从几个角度呈现，如下表述：

江姐对待同志温和平易，和蔼可亲；

对待工作小心谨慎，果敢担当；

对待困境刚强坚毅，淡定从容，沉静安宁；

对待未来充满希望，信念坚定，无限憧憬；

对待党组织视死如归，无比忠诚。

《红楼梦》导读

读红楼，看香菱，学牡丹绽放

期中考试之后，讲评试卷时我和学生说，我特别受打击。学生一脸疑惑地看着我，等待着我揭晓答案。还有同学早料到了答案似的，安慰我说："老师，您别上火，我们都没考好，数学老师说她也要吐血了。"

我说我不上火，就是特受打击，受打击的原因你们猜的不尽然。上周六 14：05，我给咱们班一个同学发了短信，短信很简洁："xx，好好背课文了吗？"，15：58，我得到该同学的回复，"还没背完呢"，我又紧跟一条，"让你聪慧的大脑运转起来"，然后她告诉我"好的"，还跟了个笑脸。经过我来她往的两个来回交流，这颗教师的心才像风过之后的水面略显平静。之后，我还和家长沟通，"xx 妈妈，请关注一下 xx 的背诵"，妈妈立即回复"收到，谢谢马老师！"我自认为上了双保险，这回背诵肯定没问题了吧。结果是理想很丰满，现实很骨感，满分 10 分的背诵，全班 30 人有 26 个同学满分或接近满分，她只得了 3 分。这件事让我备受打击。

所以，期中考试过后，我想对你们说：

"会"与"不会"是能力问题，"做"与"不做"是态度问题，当我们的态度影响了我们的能力，我们必须端正学习态度。

在《红楼梦》中，我们读香菱学诗，很受启发。香菱本不会作诗，不用说跟林黛玉、薛宝钗比，就是和在大观园中生活的其他诗社的成员相比，也都望尘莫及。当薛蟠跟了薛家当铺内揽总管张德辉出门做生意后，香菱被宝钗带到大观园。她来到大观园，迫不及待地让宝钗教她作诗，宝钗告诉她不要得陇望蜀，先从老太太起，各人各处都先去瞧瞧。但是好学的香菱一心想着作诗，她见过众人之后，对作诗心心念念，不知不觉就来到潇湘馆找黛玉，拜黛玉为师。我们先不论香菱该不该学诗，学诗后诗作得怎么样，单看香菱学习作诗的态度，是不是应该给她点赞？反观我们自己的学习态度，是不是应该端正呢？

"想"是愿望，"做"是行动，光想不做是行动的矮子，是懒惰，是逃避，是拖沓。"想"与"做"的距离就是一段执行力的距离。

香菱说拜师就拜师。她想拜宝钗为师，宝钗以让她去问候老太太等人为由推辞了，但她并未停止前进的脚步，而是又来到潇湘馆，拜黛玉为师，没想到黛玉欣然答应。

她说读书便读书。黛玉老师说，要读百首诗，先读王维，再读杜甫。她听说黛玉处有《王摩诘全集》，便按捺不住喜悦，说道："好姑娘，你就把这书给我拿出来，我带回去，夜里念的也是好的。"香菱回到蘅芜苑，诸事不顾，一首一首读起来，尽管时间已晚，宝钗见她这般苦心，也只好随她去。香菱这种废寝忘食的读书精神，说干就干的执行力让我们感动，心生敬意。反观自己的学习，我们与香菱的距离是不是就有一段执行力的距离？

"学习"是过程，"学好"是结果。"好"是相对的，学会完善自己、超越自己，就是"好"。为了"学好"，学习过程中的主动性就显得尤为重要。因为只有主动学习才会伴随更多思考，才会激发智慧的火花，呈现出不同的学习境界。

香菱拜师、读诗、与黛玉交流诗都是主动的，所以才有挑灯夜读的勤奋，有交流体会的喜悦，有思维碰撞的感悟。她不止于此，还央黛玉探春二人："出个题目让我诌去，诌了来替我改正。"于是黛玉就给她出了一首"咏月"的诗,限"十四寒"的韵部,写一首七律。

香菱茶饭不思,坐卧不定,苦思良久做了一首:

月桂中天夜色寒,清光皎皎影团团。诗人助兴常思玩,野客添愁不忍观。翡翠楼边悬玉镜,珍珠帘外挂冰盘。良宵何用烧银烛,晴彩辉煌映画栏。香菱把作的诗拿给黛玉看,黛玉点评道:"意思却有,只是措辞不雅。皆因你看的诗少,被他缚住了。把这首诗丢开,再做一首。只管放开胆子去做。"香菱听完后默默回来,连房也不进去,或在池边树下冥想,或在山石上出神,或蹲在地下抠地,费尽心思又作了一首:

非银非水映窗寒,试看晴空护玉盘。淡淡梅花香欲染,丝丝柳带露初干。只疑残粉涂金砌,恍若轻霜抹玉栏。梦醒西楼人迹绝,馀容犹可隔帘看。

香菱又拿给黛玉看,黛玉评价说这首诗固然难得,但"过于穿凿"。宝钗评价说:"不像吟月了,月字底下添了一个'色'字倒还使得,你看句句倒是月色。"

香菱领悟宝黛的点评,又重新思考自己的诗作。她的可爱之处就在宝钗说她的"痴"与"疯"上,"痴"体现了她的沉迷,执意;"疯"体现了她的韧性与坚持。恰恰有了"痴"与"疯",香菱才会有诗入梦,在梦中又作了一首,醒来记下:

精华欲掩料应难,影自娟娟魄自寒。一片砧敲千里白,半轮鸡唱五更残。绿蓑江上秋闻笛,红袖楼头夜倚栏。博得嫦娥应借问,缘何不使永团圆!香菱拿诗让众人看,得到众人赞赏。拿给宝黛看,宝黛二人都是离乡背井之人,读到香菱的诗,产生了心灵共鸣,都赞扬这首诗"不但好,而且新巧有意趣"。

香菱作的这三首诗,从写景到设色再到寄情,作诗能力逐步提高。她的作诗有绞尽脑汁,苦思冥想,如痴如醉,疯疯狂狂;有受挫后的茫然无措,纠结徘徊,有顿悟后的豁然开朗,欣喜若狂。

所以,成长是幸福的,但一定是"苦尽甘来";成长又是孤独的,成长中少不了享受寂寞。

　　这又让我联想到王国维《人间词话》中的人生三境界。"昨夜西风凋碧树，独上高楼，望尽天涯路"，道出登高望远的孤独，"衣带渐宽终不悔，为伊消得人憔悴"写尽为理想坚持奋斗的磨砺，"众里寻他千百度，蓦然回首，那人却在，灯火阑珊处"传递收获的喜悦与幸福。

　　同学们，我们都经历自然人到社会人的成长，由零责任到有责任的变化，由生命自然成长到生命意义的自然赋予。这些变化我们不希望外力附加，而是随着我们年龄的成长、阅历的丰富、与对生命的认知来自我加码。

　　但年轻的生命在于对梦的追寻，而不是对梦的观望。追梦，不是画饼充饥，也不是望梅止渴，而是脚踏实地，一步一个脚印地前行。既要仰望星空的辽阔，给自己前行的动力；又要有实事求是的态度，有横下心来扎实勤奋付出的行动。明白生命的意义在于自身挖掘，而不是等待他人赋予，如同清代诗人袁枚笔下的青苔："白日不到处，青春恰自来。苔花如米小，也学牡丹开。"

　　青苔如同牡丹一样绽放，不是它爱慕虚荣，不是它好高骛远，而是她不忘初心，始终寻找生命的力量。即便日光照不到，她依旧律动着青春，呈现靓丽的色彩。

　　这就是生命的底色！

读红楼，看贾政，思个性教育

——"严父"教育并未过时

《红楼梦》是一部百科全书，细读细品，能够读出家庭教育的味道，反思家庭教育的理念，寻求家庭教育的妙方。

我们读《红楼梦》，对宝玉挨打可能印象颇深，对这位父亲贾政的印象也挥之不去。这位父亲，除了呵斥，训诫，运用暴力，到底在教育孩子上做了哪些功课？

先看宝玉上学前与父亲请安一幕：

当时贾政正在书房中和清客相公们说闲话儿，忽见宝玉进来请安，贾政冷笑道："你要再提'上学'两个字，连我也羞死了。依我的话，你竟玩你的去是正经。看仔细站脏了我这个地，靠脏了我这个门！"

贾政这位父亲在"说闲话儿"的当儿，看到儿子来请安，应该立即是板起面孔，正襟危坐。一个"冷"字，既道出他与别人闲话时到与宝玉谈话的表情变化，由面部肌肉的松弛到僵硬、死板，又写出父亲与儿子之间心理距离的遥远。一个"冷"字将贾政对儿子平日表现得极大不满赫然逼真得刻在脸上，还不止如此，再加上他连用两个"脏"字，把宝玉不读书玷污了他，玷污了家族的不满和盘托出。

宝玉真的不读书吗？通过宝玉与众姊妹作诗，闲话，宝玉并不是不读书的人，只是不把读"四书""五经"挂于心头。

贾政得知宝玉读《诗经》时，马上反驳到："什么《诗经》古文，一概不用虚应故事，只是先把《四书》一齐讲明背熟是最要紧的。"

这位绝对权威的父亲满脑子是读书考取功名，可是这种"禄读"是宝玉最叛逆的。在父与子两种价值观下似乎他们的关系也是水火不容。

因此，贾政教育孩子所造声势如同"隔靴搔痒"，无济于事。尤其是他当着众人的面，对儿子"站脏了我这个地，靠脏了我这个门"的无情数落，甚至是羞辱，虽然是捍卫了父亲的威严，但这无疑是当头棒喝，无疑是在宝玉燃起的读书欲望之火上泼了一盆冷水。

难道这就是严厉父亲的写照，这是我们心目中所谓的"严父"吗？应该不是这样吧。

"严父"的教育不是紧盯着考取功名的教育，而是对生命价值的教育。

我们看看王阳明对孩子的教育。他在《寄正宪男手墨》的信中这样寄望于儿子，"科第之事，吾岂敢必于汝，得汝立志向上，则亦有足喜也。"看来，王阳明的教育理念不定格在读书考取举人进士上，而是期望儿子立志向上。

其实不止王阳明，曾国藩亦是如此。

他写给儿子曾纪鸿的信里，这样写道："余不愿为大官，但愿为读书明理之君子"。

我们做一个大胆的假设，如果宝玉遇到"王阳明"或者"曾国藩"这样的父亲，不会把宝玉说成是"站脏了我这个地，靠脏了我这个门！"这样的儿子，可能是在父亲引领下"立志""力行""戒奢"等修养上更下功夫的儿子。他们肯定会鼓励宝玉，继续保持人性的善良，具有悲天悯人的情怀。

所以，"严父"不是定格在严厉，而是定格在正确教育理念下的严格要求，点滴引领。

北宋文学家苏洵，大器晚成，对自己少年不学很后悔，所以，对他的两个儿子要求比较严格。不但严格，还讲究方法。这位"严父"，培养了两位"唐宋八大家"，历史上有"一家三父子，都是大文豪"

的称颂。

其实，苏轼、苏辙小的时候跟其他小朋友一样，也贪玩，不爱读书，读书走神，不够专注。苏洵采用"欲擒故纵"法。当看到孩子们在身旁嬉戏玩闹时，他悄悄跑到一旁看书，还摆出一副特别怕让两个孩子看到的样子。在好奇心的驱使下，两兄弟非要弄个究竟，想知道父亲看的是什么，于是他们在等父亲走了之后，就偷偷把书找出来，偷偷阅读。久而久之，两个孩子都爱上了读书。不仅如此，苏洵在两个儿子人格培养上也下了一番功夫。

所以"严父"，一定是为孩子起到了很好的引导作用的父亲。

古代如此，当今亦然。"严父"教育并不过时。

但是"严"不等同于冰冷，"严教"不是无情的教育。做新时代的父亲，教育理念要与时俱进。与孩子交朋友，既是放下了老子的威严，更是走入孩子的内心，有一种体贴，有一种体谅。教育孩子时会换位思考，有温暖，有气度，有担待。

"严"是指要求严格。对孩子，有目标引领，有方法指导，有行动力的督促。在教育过程中，少不了鼓励，也少不了理性地批评。只懂鼓励的教育或许孩子会缺少意志力；只是严厉批评的教育或许孩子会失去自信心。

家庭教育中，父亲这个角色很重要，在教育里不缺位，不上位。对孩子，既严格要求，又不失关爱；既有目标定位，又有实践引领；既有义务，又有担当。这样的父亲才算是"严父"。

"严父"教育并不过时。切记：不要只盯着分数教育，做一个尊重孩子生命，为孩子生命负责，拓展孩子生命内涵的父亲！让我们的孩子以人性成长为中心，有个性，有灵性！

读红楼，看宝玉，感受立体多元形象

《红楼梦》是一部带有自叙性质、自传体的小说，所以，读宝玉，我们肯定寻找曹雪芹的影子。曹雪芹并没有把自己美化，而是通过塑造立体多元的宝玉形象，让我们读者感受到曹雪芹真实的自我。

《红楼梦》中，宝玉的戏很多，有关笔墨也不少。但是今天我主要借三十回内容，让我们一起看一看宝玉的形象，是不是冷子兴口中所说的"贾宝玉是秉正邪二气之怪人"。

三十回按照行文顺序写了五个故事：1.宝玉潇湘馆给林妹妹赔不是；2.贾母处午饭时宝钗借扇带双敲，令宝玉十分尴尬；3.午休时王夫人处宝玉调戏金钏；4.从王夫人处出来，在蔷薇苑，宝玉看见龄官画"蔷"，心生悲悯；5.在雨中，宝玉于怡红院叫门，多时无人开启，等到袭人来开，宝玉踢了袭人一个窝心脚。

细读五个故事，我们勾勒宝玉形象，体会他的多重性格。

他是富贵人家公子的形象。他在一个腐败大家庭中生活，虽与其他公子不同，但也有相似之处。对待奴仆，也行使他的"特权"。比如调戏金钏，以轻薄调笑来消除自我郁闷；比如因开门晚了受点儿委屈就踢了袭人。这些都是纨绔子弟的阶级烙印。

他也是一个以伦理为中心注意平衡关系的形象。他往往顾及别人的感受，这也是宝玉备受大家喜欢的主要原因。他与黛玉道歉，又怕冷落宝钗，与宝钗搭讪，说宝钗是杨贵妃，却不料宝钗大怒，遭到宝钗的"借扇带双敲"，呈现了尴尬的局面。

他是一个笃信木石姻缘的形象。贾府上上下下都说"金玉良缘",他却笃信"木石前盟",他对黛玉的感情率真、专一、坚持。

他是一个多情的人物形象。他的多情不仅对黛玉及其他熟悉的女子,即便不熟悉的龄官,他也体谅,关心,怜惜。看到龄官拿着簪子画"蔷",心里却想:"这女孩子一定有什么说不出的心事,才这么个样儿。外面他既是这个样儿,心里还不知怎么熬煎呢?看他的模样儿这么单薄,心里那里还搁的住熬煎呢?可恨我不能替你分些过来。"宝玉看到龄官被雨淋湿,想道:"这是下雨了,他这个身子,如何禁得骤雨一激。"通过"熬煎""分些""禁得"这些词,生动真实地刻画出宝玉的心理,他对这位女子的心疼,体贴,关心尽显;同时被女孩的痴情所感动,所浸染。

宝玉这一丰富的形象,多重的性格,人物的真实,既应了冷子兴的那句话"秉正邪二气之怪人",又给我们的教育带来反思。

真的是"金无足赤,人无完人"啊,不仅宝玉这样,我们世人恐怕都如此,恐怕也都是秉正邪二气之人。

这让我想起了一位印度老人讲给孙子的故事。他对孙子说,每个人的身体里都有两只狼,他们残酷地厮杀。一只狼代表愤怒、嫉妒、骄傲、害怕和耻辱;另一只代表温柔、善良、感恩、希望、微笑和爱。当孙子着急地问爷爷哪只狼更厉害时,老人回答:"你喂食的那一只。"

这个故事中的两只狼好比人的优缺点,如果教育者(故事中的喂食之人)关注教育对象优点,让优势放大,教育对象就有可能越来越优秀。如果教育者关注教育者的缺点,让劣势放大,教育对象可能会越来越差,问题学生会越来越多,甚至无药可救。

这两只狼也好比我们的正邪之气,关注教育对象的正气,就可能让他们成为正直、善良之人。关注教育对象的邪气,就可能使他们走向歪门邪道。

罗丹说过,"生活中不是缺少美,而是缺少发现美的眼睛"。我想说，每个学生都有优点，作为教育者，要善于发现，最好能够最大限度地挖掘孩子优势。

既然孩子优缺点都有，正邪二气并存，在他们成长过程中出现问题也是必然。因此，教师的教育不要聚焦问题，给自己的教育带来更多困惑，在情绪上有更多埋怨；而要聚焦解决，拥有发现美的眼睛，关注正向，着力于发掘学生的自身潜能，调动当事人自身的力量。

这样，我们遇到的教育学生的问题才会迎刃而解。

《论语》导读

跨越时空，拜您为师

　　教《子路、曾皙、冉有、公西华侍坐》，喜欢冉有、公西华的谦恭逊让。敬佩子路的率真坦荡，勇敢自信，雄心博大。虽然气势有些咄咄逼人，不够谦逊，但瑕不掩瑜。欣赏曾皙的闲适恬淡，性情高雅，志向远大。

　　再教此文，恭敬捧读，与文字相约，与圣人对话，如坐春风，是一场精神之旅。感受孔子这位长者的和蔼可亲，平易近人；体会这位师者的循循善诱，因人施教。

　　跨越时空，我要拜您为师！

向您学习，循循善诱

　　您先用"以吾一日长乎尔，毋吾以也"营造了轻松对话的氛围，创设了平等对话的情境。继而一石激起千层浪，提出"如或知尔，则何以哉"这样一个话题，引起了有关志向的畅谈，有关理想的教育。在子路率先回答后，您耐心引导"求，尔何如？""赤，尔何如？""点，尔何如？"看似追问，实则启发，给他们思考的时间与空间。面对曾皙的犹豫不决，您继续鼓励"何伤乎？亦各言其志也"，让曾皙敞开心扉，描绘理想，一吐为快。四个弟子的言志都发自内心，这就是您循循善诱的功力！

向您学习，因材施教

面对子路率尔回答的强军理念，您笑了。这一"笑"，有的放矢，分量很重，既有对不善言谈学生的激励，更有对子路畅言后的适时引导。从笑中，子路读出了您对他率真坦荡，勇敢自信的肯定；也读出了不假思索，不够谦虚的婉转批评。因材施教，体现了您与学生相处中善于观察，深入了解的功力。

向您学习，尊重个性

对曾皙描绘的春日畅游的欢愉图景，一句"吾与点也"脱口而出，毫不掩饰地表达您对曾皙的赞同。您赞同曾皙，但不意味着您就否定了子路、冉有和公西华。您尊重每个学生的个性，肯定子路的强军理念，冉有的富民思想，公西华的文明追求，曾皙的幸福境界。对子路的勇于担当、冉有的谨慎谦虚，公西华的谦恭有礼，曾皙的洒脱淡定，都予以尊重，这是您对教育的态度，是对百花齐放的憧憬。

向您学习，不忘初心

您为什么赞同曾皙，甚至欣赏。虽然历来说法不一，有的说是曾皙描绘的太平盛世的理想境界，与您追求仁政，礼乐治国的"谋闭而不兴，盗窃乱贼而不作，故外户而不闭"的"大同"社会相合。有的说曾皙的不求仕进与您年近七十，周游列国刚刚结束后的心境相契。但是我认为，不管是您救世之心，还是退而守志，您的"心""志"未曾改变，曾皙描绘的这幅"春服既成，冠者五六人，童子六七人，浴乎沂，风乎舞雩，咏而归"的暮春图，饱含您的社会理想、为政思想，是幸福生活的至高追求。

再教此文，与文本对话，与先哲对话，充盈智慧，丰富思想，涤荡心灵，深悟为人之道与为师之道，提升教育的情怀与境界。

跨越时空，拜您为师！有您，真好！

写作教学

　　语文学习要不断积累，尤其要善于从教材中"淘金"，从课本当中汲取养料，懂得在积累中理解、消化、拓展、延伸，将阅读与写作结合起来，在阅读中汲取养料，在写作中丰盈自己。

读的"微"世界

"读"是"输入","写"是"输出"

读书是"源",写作是"流",源头汩汩,才会流水滚滚;读书是输入,写作是输出,没有输入,就不会有输出;但有了输入,也未必就有输出。

我们经常遇到这样的学生,酷爱读书,读书量不少,可就是不会写作。只要涉及写作,就不知从何落笔;即便落笔,又让人不知所云。

这种情况如何解决?

最好的办法,就是边读边写。

可以要求自己把阅读完的内容用自己的话概括出来,这样可以把阅读得到的信息理解,吸纳,转化;还可以要求自己写体会,记下自己的点滴感悟,些许启迪,将阅读进行升华。此外,可以借助老师的任务驱动完成微写作。

下面列举两个微写作题目及写作示例。

1. 请你以圣地亚哥(《老人与海》)的口吻,以"落寞"为题,写一段抒情文字或一首小诗。要求:符合人物特点,内容具体,感情真挚。

范例

寂寞，是空荡的海面，是无获的归途。落寞，是我两手空空，是我奋力拼搏过后的无功而返。我躺在夜空下，也曾质问过命运的不公！哦，这令我又爱又恨的大海，它拍击礁岩的浪声在笑我，它浪花的奔腾在笑我，嘲笑我这双又粗又老的手，撼不动它！但我知道，这落寞只是一时，这落寞打不垮我！明日朝阳从海面跃出的一刻，又是我新的开始，落寞留给夜晚，希望留给下一个白昼。是的，这落寞击不垮我！

（2018届毕业生　王甦萌）

2. 假如圣地亚哥拖着一条大鱼的骨刺回到《祝福》中的鲁镇，鲁镇的人对他会怎么评价，他会有什么样的反应？

范例

卫老婆子（谄媚状）：哎呀，看这鱼骨头，你捕到的这鱼一定很大吧。

四叔（不屑状）：再大有什么用啊，不还是只剩下了一副骨架，又不能吃（撇嘴状）。

卫老婆子（忙转失落状）：唉，说的就是啊，你把这个鱼骨拖回来又有什么用呢？

四婶：但他年龄这么大，捕这条鱼一定是很不容易吧！

四叔（鼻子哼了一声）：鱼骨又不能卖钱，谁管他怎么捕的鱼啊（嘲讽状），就算他整条命都豁出去了又怎么样呢，照样不还是一分钱都得不到，还拖回一条鱼骨，真是晦气！

柳妈（皱眉）：哎呀呀，怎么能杀生呢，阿弥陀佛呀！你这是要下地狱的啊，阴司的阎罗大王可是不会轻饶你的，哎呀呀，那把你打入十八层地狱，你可受得了？

圣地亚哥：哼！管他那阴司报应呢！我偏不信，这鱼是我拼尽了半条命才捕来的,这鱼骨是我在海上和鲨鱼厮杀剩下的,这其中的意义你们这些俗人又怎么会懂?你们不过是一群整日无聊麻木的人罢了,你们从来不知道什么是真正的人生。至少我能捕到大鱼把鱼骨带回来,怕是你们根本没有见到大鱼的机会吧,遇到鲨鱼早该是吓得腿软求爹喊娘了,又怎敢与它们搏斗呢。

(2018届毕业生　马楚雨)

这两个示例都是在阅读完《老人与海》之后完成的微写作训练,这些题目就是任务驱动,促使我们深度思考。如果我们运用好驱动器,找到检验深入阅读的点,就会将读的功夫转化为写的动力,惟其如此,写作能力才会得以提升。

以用好课本为例谈"读"与"写"结合

教材是我们写作中充实而系统的"素材库"。

整本书的阅读很重要,但除了整本书阅读之外,在我们的语文学习中,单篇课文,单元文章,对我们也很有启迪。可以说,教材是我们写作中充实而系统的素材库,我们应该抓住这些文本内容,精读,理解,品悟,运用,以达到丰富素材、汲取"养料"、为平时写作信手拈来做好准备的目的。

我给学生出了五个话题:1. 肩负责任;2. 忘记该忘记的,铭记该铭记的;3. 关注民生;4. 勇于解剖;5. 崇高母爱。

让学生选择一个话题,根据这一话题自己确立观点,然后运用课本素材进行说理。希望学生能从自己熟悉的教材入手,充分挖掘其中的写作素材,整合并合理运用,使教材成为议论文写作素材的"源头活水"。

下面的例子是在学生写作的基础上修改的,提供给大家,或许对我们的读写结合有所启发。

范例

自省,是一种最上乘的勇气。只有敢于自省的人,方能算得上真正的英雄。疾恶如仇的大文豪鲁迅曾经说过:"我更多的是将解剖的刀子伸向自己。"在《记念刘和珍君》中,他在痛斥那些军阀以及走狗文人的同时,也深深地责备自己。在自我解剖中,他领悟到"真的猛士，敢于直面惨淡的人生，敢于正视淋漓的鲜血"。另一位文学巨匠巴金，在经历了"文革"的梦魇后，回忆这段历史时，因为自己当时为了保全自己而牺牲包弟的行为而自责不已，从而重新审视自己，解剖自己，写出了被誉为散文创作里程碑的《随想录》。反观西楚霸王项羽，他虽有拔山之气，举鼎之力，可垓下之战后，面对滚滚而逝的乌江和无法挽回的败局，他却以"天亡我也，非战之罪也"为借口搪塞，始终不敢正视自己"自矜功伐，奋其私智而不师古"，欲以力征而经营天下的思想局限，因此他的勇只能是斗凶逞能的匹夫之勇。所谓"知人者智，自知者明"而自省便是自知的前提，人只有在不断拷问自己的过程中，才能不断了解自己、改善自己、升华自己。人最大的敌人便是自己，只有战胜自己的人方能算是真正的强者，自省，便是这种强者应备的素质。

（2013届毕业生　孙培元）

点评

以"敢于解剖"为话题，确立观点"自省，是一种最上乘的勇气"，深度挖掘《记念刘和珍君》《小狗包弟》《鸿门宴》等文本内容，用事实论证和对比论证进行说理，自圆其说，分析透彻。

这就是汲取教材养料进行说理的最好范例之一，这一范例说明教材中的内容是我们语文学习最方便、快捷的写作素材。教师与学生要熟悉课本素材，进行多角度挖掘；要整合课本素材，善于丰富写作积累；要善于运用课本素材，进行客观有力论证。

语文学习要不断积累，尤其要善于从教材中"淘金"，从课本当中汲取养料，懂得在积累中理解、消化、拓展、延伸，将阅读与写作结合起来，在阅读中汲取养料，在写作中丰盈自己。

任务驱动驾驭课本内容

学习课本，字词句篇都会给我们带来不同的收获，无论是在语言建构与运用、思维发展与提升，还是文化传承与理解、审美鉴赏与创造等方面都能使我们受益良多。

对于一篇文章、一组文章抑或一册书来说，要想使我们学到的内容作为议论文写作素材灵活运用，不仅要有对文章的独特思考、独到见解，还要求合上书本，对文章中的内容有驾轻就熟之感，有信手拈来之易。就得在学完课文之后有明确的任务驱动，根据任务驱动再进行深入思考，巧妙链接；整合运用，分析说理；有理有据，论深说透，这样才会为议论文写作打好坚实基础。

下面这两个示例，是在"以'忘记该忘记的，铭记该铭记的'、'笑对人生'为话题，分别以人教版必修一、必修五内容为写作素材，确立观点分析论述"的任务驱动下完成的。

范例一

历史告诉我们：忘记该忘记的，铭记该铭记的。忘记是因为我们不能让过去的阴影阻碍了今天；铭记，是因为我们要从过去中汲取教训来为明天导航。过去的血案历历在目：无论是"三一八"惨案中，爱国青年殷红的鲜血，还是东洋工厂的锭子上，呻吟着的中国奴隶的灵魂；无论是日本帝国主义的铁蹄踩蹦着中国的大地，还是法西斯的暴徒在奥斯维辛犯下的罪行。面对死者，眼泪无法挽回他们的逝去；

面对已酿成的悲剧，愤怒无法扭转已成的定局。对于黑暗的历史，我们可以忘记的，是阴霾是仇恨甚至是伤痛；但我们绝不能忘的，是它本身的存在以及它所带来的教训。从过去的阴影中走出来，并为了美好的明天而奋斗，这才是历史教给我们的。

（2013届毕业生　孙培元）

点评

本文先确立了中心论点"忘记该忘记的，铭记该铭记的"，接着对观点进行了阐释，然后巧用《记念刘和珍君》《包身工》《奥斯维辛没有新闻》等文本材料，精当概括，深刻剖析，分析得深入浅出，让人佩服。

范例二

人生难免挫折失意，人生之路难免会布满荆棘，既知如此，我们应该坦然面对，笑对人生。五柳先生陶渊明，如果当初在面对坎坷的仕途时没有豁达的辞官归隐，又怎能有"采菊东篱下，悠然见南山"的惬意生活？如果王勃没有在时运不济时笑对人生，又怎能有"海内存知己，天涯若比邻"的千古绝唱？如果一代诗仙李白，在仕途不顺时消极沉郁，怎会吟出"仰天大笑出门去，我辈岂是蓬蒿人"的诗句？如果他们在失意时，没有坦然面对，笑对人生，或许就不会流芳千古，记入史册。所以，只有在失意时笑对人生，才能赢得"向你微笑"的人生。

（2013届毕业生　肖丹阳）

点评

以"笑对人生"为话题，确立观点——我们应该坦然面对，笑对人生。在熟悉课本素材的基础上，将理解的内容充分挖掘，精当概括，分析说理，使论述的观点更有说服力。

这两个示例都是在"围绕话题确立观点，依据观点运用课本素材进行有力论证"的任务驱动下完成的，这种作文片段训练不仅促进学生提高熟练运用教材的能力，还对学生逻辑思维能力、批判思维能力的提升奠定坚实的基础。

这样的任务驱动长期坚持，会让我们对材料信手拈来，对说理论述驾轻就熟。

任务驱动让你对阅读内容有深刻的领悟

给自己一个任务,就是给自己一个读书达成的目标。读书若有目的性,会使我们在较短时间内精读文本,有效思考,及时展开丰富的联想和想象。不仅培养良好思维品质,提升思维质量,还为阅读的延伸——写作,做好充分的准备。

阅读中的任务驱动,可以内容丰富,形式多样。不见得都是前面所谈的利用课本素材进行论述,也可以在你读完文章内容之后谈谈自己对文章中心内容的领悟,类似于我们的读后感。

这样的任务驱动能使我们的阅读有深刻的领悟,常常收到事半功倍的效果。

在教学中曾经设置这样一个任务驱动:学习曹明华的《美》,谈谈你对"美"的认识。

学生在任务的驱动下,进行圈点勾画地读,由此及彼地想,由表及里地悟,发自内心地写,传达出阅读后的认知判断、审美鉴赏,有效完成阅读任务。

下面选择几例展示给大家:

范例一

万事万物都是美的,不只有那斜阳余晖,那花洒漫天。

晚间车灯、路灯、霓虹灯交织成景,那是都市繁华的美;雨后被砸弯腰的小草重回挺立抖擞,那是挺拔自然的美;骄阳下奋力奔跑的少男少女，那是青春张力的美；雨中情侣或家人共同撑起的一把把伞，那是共享共担的美；春节期间在街边清扫鞭炮残骸的清洁工，那是恪守职责的美；随手捡起路边白色垃圾的老人，那是热心负责的美；努力后获得殊荣的微笑，那是自信阳光的美。

万事万物都是美的，不经意间便会传达美的气息，愿你能为身边人带去美。

（2018届毕业生　王欣月）

范例二

纵使这个世界上有看得见的美，但在我心中，再美的视觉感受也比不上流淌进耳中的听觉盛宴。音乐中，不单单有着音符和歌词，更有着作者掺杂进去的情感，有时候我们痴迷于一首歌的美，不是因为它有多么的好听，而是一种遇知音的激动。一首恰恰符合心情的歌曲，恰恰与内心产生强烈共鸣的歌曲。对于听者来说，是美到心里的，无论伤感或喜悦。不同的人听到同一首歌，脑海中的画面感也是全然不同的，因此只有歌曲，能完美地将文字美、旋律美、画面美融于一体。比如对我而言，尤其钟爱古风歌曲的唯美，"窗透初晓日照西桥云自摇，想你当年荷风微摆的衣角"，一句词一段曲，优雅潇洒，仿佛一位逍遥的公子，洒脱自然，美得惊为天人，无论是歌词还是曲调，婉转入心，回味无穷。

（2018届毕业生　马楚雨）

范例三

美是普遍而多变的。美不是高高在上的，在我们的生活中，它无处不在，这是因为样子的不同而常常被我们忽视。罗丹说过："世界上并不缺少美，而是缺少发现美的眼睛。"生活中处处都是美，也许表现得不那么明显。凡·高的《向日葵》被记录下来的是很常见的植物，但它的美被挖掘得淋漓尽致，成为世界名画。不仅视名画为美，小孩的涂鸦也可视为美，这种美在那些精通绘画的大师眼里，可能算不上什么，甚至根本没有美丑之别。但是对于孩子的家长来说，无论涂鸦有多丑，他们始终都会认为那是美的。这种差异的根源就是人们看待事物所站的角度不同，因此，对美与丑的看法也就不同。每个人都可以是美的发现者，因为美是一种极其普通但也极其特别的存在，它无形但是你能看到它，也因为如此，它常常被人忽略。

（2018届毕业生　何林昊）

范例四

关于美，男人有男人的想法，女人有女人的想法；文人有文人的想法，政客有政客的想法；古人有古人的想法，现代人有现代人的想法。当然我也有自己的想法。

美是一种感觉，切合着人的心情。当亲人离别时，即使看到春光无限百花盛开也会因为心中的决绝不舍而满目萧然，自然不会觉得美。而如果是朋友重逢，即便是残花败柳也能看出一番韵味。当形影相吊之时，两处黄鹂鸟相互啼鸣，也会觉得实在逢场作戏让人烦躁不已，恨不得扔石砸散，自然不会觉得美。可见，美不是一种表象，而是从自内到外的一种感受，事物的美与否也不是时时不变的。

（2018届毕业生　刘思佳）

这几个学生带着同样的任务，却有不同的领悟。有的展开丰富的联想，列举生活中的各种美；有的撇开视觉感受的美，谈带来听觉盛宴的音乐美；有的运用对比论证谈"美是一种极其普通但也极其特别的存在"，富有思辨性；有的谈"美不是一种表象，而是从自内到外的一种感受"。可以说四个同学都有自己深入的思考，富有个性化的表达，可谓"仁者见仁智者见智"。

所以，在阅读中给自己设置一个任务，让这个任务陪伴阅读，或许会让我们顿生感悟，即时生发。

我心想我看，我手写我心

——以感动中国为例

今天我们给"读写结合"中的《感动中国》材料的运用做一个小结。

看《感动中国》电视节目，还要看《感动中国》中的事迹材料，读感动中国人物的颁奖词，不仅入眼入耳，还要入脑入心，经历一个由"看"到"想"的过程。

"看"是内容的客观呈现；"想"是主观的认知判断；"看"是"想"的思维触点；"想"是"看"的思维延伸。"想"是一个由表及里、由"宏观"走向"微观"、由感性判断到理性判断、由"无序"到"有序"的思维过程。把这个"想"的过程，通过语言的建构准确表达出来，自然就到了"写"的地步。"想"是思维的内化，"写"是思维的外化，想得成熟，才能写得自然。

我们所说的"我心想我看，我手写我心"，强调的就是一个由"看"到"想"，由"想"到"写"的历练。

2017年年初感动中国播出后让同学们看电视、看材料后留了以下作业。

题目

每一个人物，都是芸芸众生中的一员；但每一个事迹，都带来了心灵的震撼。他们平凡，如沧海一粟；他们璀璨，如浩瀚宇宙中熠熠发光的星辰。看完《感动中国》，想必你心潮澎湃，暖流涌遍全身。

请拿起你的笔，让文字在纸上跳跃，让情感在心中流淌，将至真至纯的感受写出来。

范例

从"好医生"梁益建反思社会医闹现象

医者仁心，此话不假。梁大夫说，他无法拒绝那些前来求诊的病患。所以他不惜一切，甚至自己出钱凑钱，也一定要尽全力拯救每一位病人。

看到这样的大夫，我不禁要为他点赞。事实上，在庞大的医疗系统中，梁大夫可以说是大部分医生群体的代表。

我是一个从小在医院家属楼里长大的孩子，深知奋斗在医疗工作一线的医护人员的不易。我认为，只要是一位合格的医疗工作者，他们都像梁益建大夫一样有一颗救死扶伤、减轻病患痛苦的仁爱之心。

可尽管如此，医闹现象在医院还是时有发生。病患家属对医生破口大骂，甚至大打出手。这种事情曾被我亲眼所见，重者也会见诸报端，为大众所知。每当这时，我都会思考这种现象背后的原因。

尤其今天我见到《感动中国》中的梁益建大夫，不自觉又回到了这个问题当中来。

也许是对医疗工作者的不信任，也许是出于对医疗价位不满，也许是出于对患者的极度担心。又也许是由于少部分缺乏医德的医生为此"做出的贡献"，抑或是医生与患者沟通不畅。

医患矛盾背后的原因是复杂的，然而造成冲突的最根本原因是对于医疗工作环境的不了解。

医疗工作者工作繁忙，他们每天需要接待上百名病人，医生花在每个人身上的时间无法再增多，每一句多余的话都可能耽误了其他患者的治疗。然而这样的行为很有可能会被误解为不够耐心、工作态度差，从而引起争端。在这一点上，或许需要医患双方共同的包容和媒体宣传上的努力。

记得在北京陷入非典的那一年里,许多医疗工作者仍旧穿着厚重地防护服,在手术台上忙忙碌碌,经常是一整天连轴转,根本没有休息的时间。而医院的家属区,几乎人去楼空——他们把自己的孩子和老人都送回了老家,安顿好了家里的一切。是的,他们这些普通的"父亲""母亲""儿子""女儿",此刻都放下了自己在社会上其余的身份,不畏牺牲的在与病魔殊死搏斗。我相信,此刻的他们,全部都是"梁大夫",他们为了拯救哪怕更多一位患者,都在以身试验,不眠不休。

那一年我才四岁,由于各种原因,我留在了这所医院的家属楼内,我的母亲,她同每一位医务工作者一样奋斗在工作岗位上。

这些琐碎的记忆不自觉与梁益建大夫联系到一起,我为有这样优秀的医护工作者点赞。

我也希望看到大众媒体能少点骇人的噱头,多点社会正能量的传递。《感动中国》是一档优秀的节目,在这里,我们看到了许多不曾让人发现的温暖,在这里,我看到了媒体对于医生工作者的支持。

我相信,未来的医患关系,会随着人们素质教育的提高而改善,更多的,我们会看到相互的理解和信任。不止医者仁心,我希望有一天梱以看到所有的国人都能怀着一颗仁心,学会感恩,学会理解,学会关爱。

(2018届毕业生 王甦萌)

点评

此文从梁益建大夫切入,结合自己的生活阅历,反思医闹现象,谈自己的见闻,写自己的感受,倡导良好风气的形成。

其实我们看的内容相同,但是吸引你的看点可能不同,思维的原点也就不同,做出的判断也就不一样。阅历不同,联系的内容自然就有差异，阐发的个性思考也会千差万别，表达出来的内容自然丰富多彩。

所以，我们不用担心大家都看这些内容，就缺少新意。只要是选择自己的看点，找到自己的思考点、联系点，表达出来一定会"姹紫嫣红"。

记得赵树理说"读书也像开矿一样，沙里淘金"，我觉得由"读"到"想"再到"写"，这"想"的过程更像是"沙里淘金"的过程。

因此，学习写作先读书，读书过程伴思考，思考成熟巧表达。这样，才会做到"我心想我看，我手写我心"。

从《感动中国》中学习写颁奖词

看《感动中国》，最吸引我们眼球的还有里面的颁奖词，这些颁奖词语言凝练，富有文采，魅力十足；精华浓缩，内涵丰富，短小精悍。

我们读之，品之，手不释卷。我们仿写，拟写，受益匪浅。

在学习完《廉颇蔺相如列传》后，我们学习给蔺相如、廉颇写颁奖词。

展示几例：

写给廉颇的颁奖词

一生戎马，黄沙百战，你是战功累累的英雄。以一人之勇武，多少豪杰皆忌惮。负荆请罪，顾全大局，你是赵国社稷的半壁江山。不以名利而斤斤计较，主动认错，文武联手，上下齐心，使赵国成就霸业。日月忽其不淹兮，春与秋其代序，你的坦荡和正直流芳百世，你的英勇和无畏名垂千古。将相之和是一曲华美的绝唱，奏响在这九州之上，久久不散。

（2018届毕业生　何林昊）

写给蔺相如的颁奖词

他，出身平凡，却胆识过人。在秦国咄咄逼人的形势下，他凭借过人的勇气与智慧，巧妙化解危机，锻造了完璧归赵等流传千古的佳话。他怀揣博大胸怀，以国家大局为重，团结同僚，受到他人置疑亦一笑而过。他就是蔺相如，一个成就世人千古传诵美谈之伟人。

（2018届毕业生　梅若璇）

其实不仅给廉颇、蔺相如写过颁奖词，还为巴金、鲁迅等写过颁奖词。

更让我记忆犹新的，是我校于2016年9月6日开展的魅力讲坛，我们荣幸地邀请到央视著名主持人敬一丹老师，当时从"敬一丹老师为郎平宣读的颁奖词"视频导入，拉开了敬一丹老师讲座《从"感动中国"到"焦点访谈"》的序幕，随着敬一丹老师风趣幽默，气氛热烈的讲话，时时响起的雷鸣般的掌声将讲座推向了高潮。最后在敬老师为学校留言、同学们为敬老师献花之际，主持人诵读了胡浩明同学为敬一丹老师写的颁奖词：

朴素的装束，掩盖不了您端庄知性的气质；柔和的声音，舒缓不了您犀利正直的言语。直播几十载，评论的不只是一年年的事，影响的不只是一代代的人。焦点访谈，您的质疑让假恶丑无处躲藏；感动中国，您的评价让真善美升华腾飞。金话筒证明着您的敬业，而您奉献于研究和讲座的身影遍布大江南北。您，好比黑夜中的北斗七星，明亮，也带来了方向。

这一颁奖词是学生即兴而作，如果平时没有训练，在短时间内很难完成。

让同学们学习《感动中国》中的颁奖词，目的不是让我们机械地照搬，不懂变通地运用，而是让我们从学习语文的角度学会审美与鉴赏，学会用准确、概括、优美的语言传情达意。

让读的"感动"走进作文

写作文一定要有真情实感,打动读者,让读者产生情感共鸣。

但是今天马老师所谈的"感动",不只是这个意思,是说我们在练习作文中,在读写结合的运用中,离不开一年一度感动中国的材料,这些材料在当年都是鲜活的素材,这些素材涉及各行各业,各个领域。我们有必要对这些感动中国的人物事迹材料精细阅读,理解记忆,多角度挖掘,多维度思考,学习阐发观点,学会分析论证。既让我们的作文增添时代特色,富有时代气息,还让我们的材料充满活力,使我们的论述富有张力。

自从2002年电视上播出《感动中国》节目开始,每一年我不仅组织学生观看《感动中国》电视节目,而且组织学生深入阅读《感动中国》十大人物的事迹材料,对这些材料进行个性化解读,共性地思考,然后在任务驱动下写作,收到良好的效果。

下面列举两例教学实践。

原题再现

请以"春来草自青"为话题,确立观点,以2008年感动中国的材料为例,写一段主体段。

范例一

寂寞悬崖流清泉,崎岖山路自岸然,春来草青青无边,烛光照深山。李桂林,陆建芬,一对来自汉族地区的彝族夫妻,当他们来到凉山北部峡谷绝壁上的彝寨，被那里不仅仅是物质上的贫困，亦是精神上的荒芜所震撼。看着一个个稚嫩的孩子，亦如一株株小草，等待着浇灌，等待着滋养，等待着春天。于是，他们留了下来，十九年清贫坚守，日夜操劳。走进课堂，面对渴求的眼睛，他们播撒知识的种子，沉淀一方沃土，开辟精神的花园；俯视大山，遥望岸边的芳草，我们深信春来草自青，织成一片绿茵，装点生命的春天。

（2009届毕业生　张新蕾）

原题再现

请以"人之常情"为话题，确立观点，以2008年感动中国的材料为例，写一段主体段。

范例二

什么是人之常情？也许你会说，走在街道上，随手捡起别人丢弃的废纸，是人之常情；乘公交车时，给老人小孩让座是人之常情；同学有困难，及时伸出援助之手，是人之常情……的确，生活中最平凡的小事融入我们最通常的情理，但你可曾想过，在山崩地裂之时，在千钧一发之时，一个共产党人从容地指挥救灾，这也是人之常情。

"领导留下，让孩子们先走！"当地震来临时，正在县礼堂参加集会的北川羌族自治县的县长经大中喊出这样一句话，他最后一个跑出礼堂，从容指挥救灾，又带领干部们开辟出一条生路。这也是人之常情，是一个共产党员用大爱谱写出的真情。隐去心中的哀伤，他用一颗拳拳之心关爱百姓，用爱与责任浇灌着这朵人之常情之花。让它在北川的废墟上灿烂地开放。

（2009届毕业生　张新蕾）

此文准确理解题目，明确观点，合理阐发，巧妙链接，深入剖析，使论述言之有物，不感空洞。

这是 2009 年的同学写的，随着时代的变迁，现在再看这些文字，我们感到所写内容有点儿过时，但是在当时来说有鲜活之意。马老师想通过这一事例说明两点：作文练习一定讲究读写结合，作文练习一定要有时代特色。

"文章合为时而著"，时代是命题人，我们是答题人。当我们的说理能够让读者把握时代的脉搏，感受时代的气息，阅卷教师是否也为之"感动"。

当我们两眼看世界，两耳闻窗外时，你或许能得到老师的垂青。

让读的内容得以升华

只阅读的同学,不见得作文写得好;同样,只练习写作,没有阅读的同学也不会写出鲜活的作品。只有阅读才能解决"巧妇中的'米源'"问题,只有写作才能促进有效阅读,才能促进能力的转化,促进思想的拔高,生命的成长。

读完《平凡的世界》,在阅读专题交流的基础上,又进行了微写作专题交流,以微写作的形式打通阅读与写作通道。以下是学生微写作练习的部分示例:

微写作练习1

读完文学名著《平凡的世界》,请你从"勤奋""吃苦""坚持""忍耐""顽强"选择一点,选择一个人物写一段赠言,表达你对该人物的敬佩(鼓励或告诫)之意。

要求:赠言要结合人物的经历或特点,不要泛泛而谈;150字左右。

学生示例

顽强

少安,你是这样一个顽强的人。你自幼开始面临生活的种种挫折,可你从未退却。你放弃自己喜欢的读书上学,扭头就把自己扎根进厚厚的黄土地里。面对多舛的命运，你不去逃避，可因此你也学会了担当。你做那个第一个吃螃蟹的人，搞承包制，以自己的脊梁顶住各方的压力。可你也没有垮，因而你成功地过上了好过以往的光景。后来，你又办砖厂，即使被骗得过不下去，你仍然带着妻子顽强过活，弯着背迎来再一次成功。你的顽强使你成功。你的顽强使人动容。

（2018届毕业生　张湉）

微写作练习 2

《根河之恋》里，鄂温克人从原有的生活方式走向了新生活，《平凡的世界》里也有类似的故事。请你从中选取一个例子，叙述情节并作简要点评，条理清楚。

学生示例

《平凡的世界》中孙少安改变了原有的生活方式，开始了新生活。1978年十一届三中全会后农村被要求实现责任制，田福堂连夜召开支部会抵制责任制，但是孙少安却顶着压力领导生产队率先实行责任制，接着也就在全村推广了责任制。头脑灵活的少安又抓住机遇，进城拉砖，用赚的钱建窑烧砖。因此，孙少安从面朝黄土背朝天的农民变成了公社的"冒尖户"。孙少安睿智的头脑和敢于大胆实践的勇气使他拥有了更好的生活。

（2018届毕业生　李雨晴）

微写作练习 3

请从《论语》中选择一句话，十九大中选择一方面内容，《平凡的世界》中选取一个事例，使其有机联系在一起，写一段议论性的文字。

学生示例

　　《平凡的世界》里，孙少安一家，从黄土漫卷中走出来。他们曾灰头土脸，潦倒困苦。但坚定信念，把握时机，明确目标，不懈奋斗。最终，他们改变了人生。他们是广大人民的缩影，是所有奋斗者的代表，是顽强中国的化身。我们一路走来，从站起来，富起来，到如今，追求强起来。中国的一路前行，砥砺不殆。有我们的不断努力，不息自强，有目标和梦想。《论语》说，士不可以不弘毅，任重而道远。十九大召开，党和国家，不忘初心，坚持使命，力求逐梦成功，中国征途的指明灯再次明亮。我想，也会永远明亮。

（2018届毕业生　井通语）

"写"中的"微"智慧

"微"妙之处见精神
——微写作思考与探究

语文易学,易在天天接触;语文难学,难在写作运用。长期以来,写作教学一直被人们诟病。对学生来说,作文难写,素材少,感想少,兴趣少。对老师来说,作文难教,内容薄,真情少,思想浅。如何提升学生的写作素养,如何探索语文作文的有效方法,如何改变写作教学的无效性,是当前亟须解决的问题。围绕这些问题我进行了微写作实践的思考与探究。

微写作,凸显一个"微"字,它篇幅短小,形式简约,可以描述场景,可以表达观点,可以抒发情感,可以解决生活学习中的实际问题。

因为它表达方式灵活;因为它不受体裁、题材、字数、语言的诸多限制;因为它不需花费大量时间,使学生感到容易完成,愿意完成,消除学生对写作的恐惧心理、畏难情绪;因为它能够逐渐激发学生写作兴趣,增强写作的主体意识、参与意识和创新意识。不仅使我们的阅读教学与写作教学更好地融为一体,实现读写结合;更使我们的语文教学与实践活动巧妙结合,增强语文学习的实效性;还能实现微写作训练到大写作的自然过渡,是学生语言运用能力提高、思维品质提升、思想内涵丰厚的最有效方式。

基于此,我们进行了**叙述描写类微写作、议论评价类微写作、诗**

文扩写类微写作、实践运用类微写作的实践与探究。

在微写作实践中有些同学的概括性不强，语言不够精练；有些同学的内容不够集中，观点不够鲜明；有些同学的表述思路不清晰，逻辑性差；有些同学的表达不够生动，语言不准确；有些同学阅读缺少思考，写作缺少个性。

为了解决这些问题，我们以立足于课本素材，立足于阅读教学，立足于生活实践，选好微写作切入点，巧妙设计微写作题目，训练学生读得深入，思得深刻，想得明白，写得清楚；利于学生积累素材，积累阅读经验，积累写作经验，培养学生的写作能力，提升学生的写作水平。解决审题立意问题，思想肤浅的问题，表达语无伦次问题，不够准确、鲜明、得体等问题。实现阅读教学与写作教学的巧妙链接。

微写作训练的好处就是让学生有什么写什么，有话则长，无话则短。短则几句，长则几段，便于写真话，说真事，抒真情；便于把记叙、描写、议论、抒情等表达方式纳入微小文体训练，不仅方便快捷，还可以通过微写作题目的巧妙设计使语文写作更社会化，更时代化，更生活化。增强语文的实用性、兴趣性，丰富语文学习的内涵，让学生的母语学习丰富多彩，促使母语教育更加完善，使我们的语文写作教学迎来绚丽多姿的春天。

叙述描写类微写作

叙述描写类微写作就是运用记叙、描写的表达方式表达思想认识的过程。练习这类微写作，起于一次学科竞赛："请以'开考时刻'为题，写一篇200左右的短文，要求'开考'的'考'，指的是当年参加的中考；适当描写场景，着重写出自己的心情。"之后我们又练习了"独处的滋味""北京的第一场雪""想起常春藤，我想说……"等场景的叙述描写。这种微写作如果长期坚持不仅提升学生的思维品质，还很好地提升学生的观察力，培养学生的细腻情感。

题目设计

进步的陆蠡被捕后，日本人问他："你爱不爱国？"他大声回答："爱国！"又问："日本人能不能征服中国？"答曰："绝对不能征服！"接下来自然就是酷刑了，不久便吐血而死。

假设陆蠡临牺牲时，眼前又闪现出那一抹远在旧都的绿色，他会想些什么呢？

学生练笔

曾经的绿友仿佛又浮现在我的眼前，已是那般憔悴枯槁，却由内而外透着一股不屈与倔强。回想起从前，我因一己之私迫使它离开大自然温柔的哺育，而让它在这简陋而昏暗的牢笼里苟延残喘，最后只换来了它日益的衰败。这就好比日本对中国的侵略一般，具有压迫性的黑暗势力，让我喘不过来气，却依然选择不屈从于敌人，顽强地奋斗直至生命之火熄灭。我现在由衷的敬佩我的绿友，敬佩它的顽强不屈，敬佩它的固执，也同样敬佩它的倔强，我懊悔自己曾经的错误，却也无可挽回，只愿那一抹绿永远坚持对光明的追求，即使身在黑暗的角落。

学法指导

这是一段饱含深情的内心独白，是一段精彩的心理刻画，文字简约，生动，形象，可以作为学生练笔的示例。通过"憔悴枯槁""苟延残喘"等词语突出了被囚禁的常春藤与被敌人囚禁的我的共性特征，讴歌常春藤带给自己的是不屈与顽强，固执与执着，永远坚持对光明的追求。

学生感悟

感谢老师对我作文的肯定，我觉得这样的微写作可以加深我们对课文的理解。常春藤蓬勃、向阳、固执，对生命、希望、光明、自由的不懈追求，还有那坚贞不屈的抗战精神，就是作者陆蠡的写照！

议论评价类微写作

议论评价类微写作就是运用议论的表达方式发表自己对人物、事件、现象等的看法。写作的内容一般是透过现象看本质，或剖析，或评价。要做到：观点明确，说理严谨，语言准确，结构完整。

这一类训练容易坚持，比如有对历史人物的评价，"我喜欢的（烛之武、荆轲、项羽等）""结合课本事例谈谈你对'中国脊梁'的理解"；有对课外经典阅读中人物的评价"我读孔子""我看觉新"；还有对文学家的褒奖等，比如，"我为巴金致颁奖词""以艾青名义拟写致给大堰河的颁奖词"等等。

题目设计

因为责任，烛之武临危受命，智退秦师；因为责任，刘和珍欣然请愿，殒身不恤；因为责任，毛泽东指点江山，激扬文字；因为责任，巴金深情忏悔，呼唤人性……古往今来，多少仁人志士铁肩担道义，用实际行动诠释了"责任"的内涵。

请以"责任"为话题，确立观点，写一段言之有物有理有据的论述。

学生练笔

肩负责任，赋予生命以重量。一群意气风发的同学少年，指点江山，用激昂的文字针砭时弊；易水河畔的剑士顶着萧寒的西风义无反顾地踏上一条不归的刺秦之路；风烛残年的说客，只身进入敌国，陈说利害。他们都是肩负责任。

学法指导

学生练笔存在的问题及解决策略：能够结合所学事例运用排比印证观点很好，但是要注意议论的目的在于说理，要学会运用事例巧妙论证。

议论类微写作，亮明自己的观点后，要有对观点的巧妙阐释。为了论述观点，选取合适事例，力求做到有理有据中的"据"要丰富，言之有物中的"物"要丰满。把"据""物"摆出来之后，不要戛然而止，要以此论述说理，突出"理"的充分。

学生感悟

"事实胜于雄辩"，一直认为，写议论文段只要摆出观点，写上事例就可以了，再回扣观点就行了，没想到还要运用事例进行论述。论述充分了，道理才讲得清。

修改示例

肩负责任，赋予生命以重量。肩负责任是一种以天下为己任的情怀，是一种敢作敢为、义无反顾的勇气。是什么，让一群意气风发的同学少年，指点江山，用激昂的文字针砭时弊？是什么，让易水河畔的剑士顶着萧寒的西风义无反顾地踏上一条不归的刺秦之路？又是什么，让风烛残年的说客，只身进入敌国，陈说利害？是肩负责任，敢于担当。这是"当今之世，舍我其谁"的英雄气概，是"先天下之忧而忧，后天下之乐而乐"的豪迈的胸怀。肩负责任，成就了灵魂的高度。

诗文扩写类微写作

诗文扩写类微写作，既包含鉴赏的过程，又是由诗歌语言转化为散文语言的过程，还是实现由感性认识到理性认知的一个过程。这一类微写作，可以从诗歌教学入手训练。比如"抓住《沁园春·长沙》这首词的上阕意象特点，用优美的散文语言描绘词的意境"，还可以向课外诗歌阅读拓展。

题目设计

阅读下面诗歌，按要求完成题目：

怀故人

谢朓

芳洲有杜若①，可以赠佳期。望望忽②超远，何由见所思？
我行未千里，山川已间之。离居方岁月③，故人不在兹。
清风动帘夜，孤月照窗时。安得同携手，酌酒赋新诗。

（注释：①杜若：香草名。②忽：渺茫遥远。③岁月：正月，春天来临。）

"清风动帘夜，孤月照窗时"，这两句诗将思念用夜色加以映衬，显得格外动人，而且富有画面感。请你展开想象，描述这一画面，注意与原诗意境相符。100字左右。

学生练笔

轻柔的清风拂过夜空，吹动窗边的帘子，令人怅惘，不由想到远方的故人，那孤单挂在天空中的皎洁明月就好像孤单的我一般。朋友啊！你是否也在看月色？那皎洁的月色泻进窗中，让人不得哀叹：这样美好的夜色，只有我一人赏玩。

学法指导

学生练笔存在的问题及解决策略："朋友啊！你是否也在看月色？"这种想象有点儿超出原诗的意思，这里不是从朋友入手，而是从自身入手，写出自己的孤独与怅惘。

诗文扩写类的写法

这是扩写式的微写作训练。如果在高考中将它转换为微作文的题型，字数就会放宽到 200 字以内，那么描绘的语言就要更加丰富生动，更能表现出静谧孤寂的意境，表达孤独怅惘之情。

参考示例

清凉的夜风徐徐吹来，轻轻地拂动帘幕，仿佛故人推门而入，随之而来的是挥之不去的怅惘；一轮孤月高悬空中，皎洁的清晖任性地从窗间洒入，照在我这个不眠人的身上。

学生感悟

将我扩写的短文与参考示例比较，悟出以下基本方法：（1）抓住诗句中的基本景点（意象）。（2）抓住单个景点的基本特点。（3）抓住整幅画面的特点，进而把握诗的意境，理解人物的情感。（4）合理想象、联想，巧加串联，扩写成文。

修改示例

习习清风，轻轻柔柔，拂过夜空，风动帘影；朗朗月色，孤寂冷清，这轮孤月，照进我的窗子，皎洁的月光洒在我这个不眠人的身上，撩拨我的心绪，令我无限怅惘，不由想到远方的故人。

实践运用类微写作

在高中，我们开展了丰富多彩的活动，比如品秋节，运动会，传承文化的经典吟诵暨话剧表演，研究性学习小组等，利用形式多样的实践活动，我们也渗透了好多实践运用类微写作的方法，比如活动前让学生写出各种海报，活动后让学生及时进行新闻报道，运动会活动中的宣传稿件，还有拟写各种研究性学习小组的征召启事。

题目设计

高一年级成立了研究学习小组，研究的内容分别是：屈原、曹操、陶渊明、《诗经》《孔雀东南飞》（并序）等作家或作品。请你任选一个研究小组，写一则征召小组成员的启事。

要求：（1）内容应包括：对作家（或作品）及研究重点、研究意义的精要说明；对应征者的要求；报名办法。（2）语言有个性，具有鼓动意味。（3）150字左右。

学生练笔

招生启事

各位同学：

你是否为他的机智聪敏而赞叹？是否为他在官渡之战中的以少胜多而惊叹？你是否为他在赤壁之战中的失利而扼腕？让我们走进曹

操,走进这位乱世枭雄。从他一生中留下的数篇文章,来窥探他人生的起伏。欢迎对曹操的作品有兴趣的盟友,让我们在战火中沉思,在沉思中发言!

学法指导

学生练笔存在的问题及解决策略:(1)题目不太准确,可以改为"征召研究曹操的小组成员的启事";(2)启事不必开头写称呼语,应该删去;(3)启事要有署名和日期,应该添加;(4)正文缺少具体的报名办法,应注意审题。

启事的具体写法:第一行正中写启事的名称,如"征召曹操小组成员启事"。第二行空两格起,写启事内容。末尾右下方分两行写署名、日期。启事的有些内容要十分具体明确,如地址、时间、联系办法等。有些内容就不应写得具体明确,如"失物招领"中有关失物的详情,以防冒领。启事不具备法令性、政策性、因而也没有强制性和约束性。启事有招领启事、寻物启事、招聘启事、征稿启事等多种。

拓展延伸

寻物启事:要将物品的特征、数量、种类、联系方法写清楚,用语要有礼貌。

招领启事:只写捡到的物品名称,不涉及具体的样式和数量,以防冒领,捡到物品的时间地点要写清楚。

招聘启事:要写招聘的目的、对象、条件、待遇、联系方式等内容,用语要诚恳。

征文启事:要写明征文的目的和意义、征文的体裁和内容、评选办法、截止日期、注意事项等。

学生感悟

这道题目属于应用类的写作范畴,在写作中不仅要认真审题,注意要点,还要掌握应用文的写作格式。

修改示例

征召研究曹操的小组成员启事

你是否为他的机智聪敏而赞叹？是否为他在官渡之战中的以少胜多而惊叹？你是否为他在赤壁之战中的失利而扼腕？让我们一起走进曹操，从他一生中留下的数篇文章，来窥探他人生的起伏。欢迎对曹操及其作品有兴趣的同学加入，来研究这位乱世枭雄。请在本月十五日之前与高一人文实验班王小明联系，欢迎报名。

研究曹操学习小组
X年X月X日

"举一隅，不以三隅反"，微写作的范畴很广，远不止这几方面，只想通过这几个案例说明我们的写作教学可以时时和阅读相结合，可以结合实践活动来开展。**生活处处皆语文，语文处处皆练笔。**

写作让"思维"飞翔

作文跑题怎么办？
——解决"由此及彼"中"此"的问题

"隐瞒事实预示着失败，真相最终会大白。你必须做到不畏惧事实，尽量去探索事实，要以事实为基础。"

——美国艾森·拉塞尔《麦肯锡方法》

写作教学，面对学生暴露出来的作文问题教师要认真对待，尊重事实，与事实为友，科学解决。

2017—2018第一学期期末海淀作文题：

2017年初，"中国诗词大会"火遍全国；2017岁末，诗人余光中去世，人们纷纷借他的诗句"乡愁是一湾浅浅的海峡""绣口一吐，就半个盛唐"来表达对他的怀念。

近年来，《诗刊》杂志的发行量和阅读量都在持续增长。中国诗歌网的注册会员达11万，注册诗社近2000家，平均每天收到投稿2000件。最近一个月，见诸媒体的诗歌节就有20多个，其中以地域命名的有"上海市民诗歌节""张家界国际旅游诗歌节""香港国际诗歌节"等，以人名命名的有"屈原诗歌节""李白诗歌节""徐志摩诗歌节"等。一次，中国青年报的记者街头采访一位90后，问到他的职业，他回答："我是一个诗人。"

以上文字引发了你怎样的联想和思考？请自选角度，自拟题目，写一篇议论文。要求：观点明确，论证合理。

有同学在《珍惜诗歌艺术》开篇中这样写道：

诗歌传承千年，上至九问青天的屈原，下至遥望大陆的余光中，诗歌早已融入我们的血脉，不可分离。随着时代的发展，诗歌的传播需要更加具有创新性和含金量，但是"创新"并不是诗歌的全部，我们需要在继承诗歌的基础上发展诗歌。

这个开篇抓住了"诗歌"这个话题，提出了自己的观点"诗歌的传播需要创新，但更需要在继承诗歌的基础上发展"。乍一看，似乎还行；但是对照题目细一看，总觉得这个文章开头与材料的深度挖掘有距离感，有一种"隔靴搔痒"的感觉，没能切中要害。

这样的案例不是个例，这些案例的考生在写作中问题到底出现在哪儿呢？我觉得是思维的原点没有把握好，对材料没分析到位。我们都知道写作要"由此及彼"展开联想，"由表及里"分析论证，可是我们的思维触点在哪儿？我们"由表及里"论证的"表"在哪儿？要想解决这个问题，在审题时就要解决"由此及彼"中"此"的问题。

"此"可以是标题作文、话题作文中的概念、话题；可以是材料作文中的观点；可以是材料作文中的现象、事件、问题；亦可是材料作文中的图画。

对于单个或多个概念、单个或多个话题类作文

比如2017年北京高考作文"说纽带"，比如2018—2019年第一学期海淀期末作文"文化与品德"。

解决"此"的问题不仅要界定概念，明确内涵；而且要把握它们之间单向或双向的关系。

对于观点类材料作文

比如2016年全国课标Ⅱ卷，比较"语文素养的提升主要有三条途径：课堂有效教学、课外大量阅读、社会生活实践"，阐述你的看法和理由。

比如印度电影《摔跤吧！爸爸》，对马哈维亚看法不一，有人认为：一个人兼职了父亲和教练的角色，从发现女儿的天赋和潜力，到不顾世俗的反对，全力栽培女儿，走出了落后的小村庄，让两个女儿获得了尊严，堪称伟大的父亲。有人认为：父亲用"父权"干涉女儿自由，强迫她们练习摔跤，剥夺了女儿选择人生的权利。还有人认为：这个爸爸怎么能把自己没有完成的事业梦强加到女儿身上？对此，你有什么看法？

解决"此"的问题就是明确你的观点，你可以同意所给观点，也可以不同意，或有自己的看法，但是观点提出、论述是源于材料的看法及理由。

对于现象、事件、问题类材料作文

比如2014年北京高考作文"……'老规矩'被重新提起并受到关注，这种现象引发了你哪些思考？"，比如2018全国二卷"弹痕问题"等。

面对这类作文，解决"此"的问题，就是透过现象看本质、抓住事件看核心、分析问题找原因。考生的看法是由现象、事件、问题引发，写作时要基于此，看透本质，抓住核心，分析原因，适当的延伸，才不至于跑偏，同时还要注意延伸的分寸，既不可就事论事，也不可脱离材料。

对于名言警句的材料作文

比如2017年全国二卷作文：①天行健，君子以自强不息。（《周易》）②露从今夜白，月是故乡明。（杜甫）③何须浅碧深红色，自是花中第一流。（李清照）④受光于庭户见一堂，受光于天下照四方。（魏源）⑤必须敢于正视，这才可望敢想，敢说，敢作，敢当。（鲁迅）⑥数风流人物，还看今朝。（毛泽东）

中国文化博大精深，无数名句化育后世。读了上面六句，你有怎样的感触与思考？请以其中两三句为基础确定立意，并合理引用，写一篇文章。

解决"此"的问题，就是要明白警句的内涵及其所选警句的有机关联。

对于图画类材料作文

比如2016年全国一卷，比如2017海淀二模漫画二的内容引发了你怎样的联想和思考？

解决"此"的问题，就是要清楚画面的内涵及寓意，写作时可以先描述画面，然后由物及人，抓到重心展开写作。

作文的过程就是思维的过程，我们明白常见作文的几种类型，就容易找到思维的触点，审题时运用阅读方法，比如圈点勾画法、做批注法准确理解、深入分析，就能够很好地把握思维的原点，"由此及彼"中的"此"的问题一解决，"由表及里"的"表"也就呈现了，这样立意构思时"由此及彼"中的"彼"、"由表及里"的"里"才会顺理成章，水到渠成。

作文不知所云怎么办

——解决"由此及彼"中"彼"的问题

今天我们开始第二讲《作文不知所云怎么办？——解决"由此及彼"中"彼"的问题》。

在第一讲中，我们谈到的"此"是题目中的语料，是思维的原点，也是思维的触点，我们的联想与想象都是由"此"生发。要想让我们的联想与想象合理，就要尊重作文语料的客观性，所以思维原点的理解分析是关键；"彼"是经过对客观语料理解分析，在"此"基础上的思维延伸点，是议论文的立论。"彼"的得出是由"此"合情合理的自然生发，不是牵强附会随意嫁接，由"此"到"彼"的过程是分析综合的过程，是深入探究的过程，既体现思维的逻辑性，又体现思维的创新性。这一过程解决得好，就避免了作文的跑题或者偏题，我们的作文就成功了一半。

可是有时我们恰恰输在了起点。下面我们看一个案例：

作文原题

漫画的内容引发了你怎样的联想和思考？请自选角度，自拟题目，写一篇议论文。要求：观点明确，符合逻辑。（2017届海淀二模作文题）

学生开篇

漫画中有几个不容我们忽视的细节：木桩子、绳子、羊、草地、

光秃的草地。还有那句醒目的话：如果你不尝试做些能力之外的事情，就无法成长。很明显，这幅漫画的意思是想激励人们突破自己的局限或是"舒适圈"，以获得更好的成长。但，固守还是突破，我们自己真的做得到吗？（节选《固守与突破，我们做得到吗》

教师点评

这段文字从漫画的构成要素入手，到对漫画中文字的关注，明白了漫画的寓意：人们要突破自己的局限或是"舒适圈"，以获得更好的成长。审题中的"此"解决得比较好，可是下一句"但，固守还是突破，我们自己真的做得到吗？"就让人不知所云了。从语言连贯的角度看，这句话与上一句不衔接。语言是思维的外化，看似是语言的问题，实则是思维的问题，是思维的混乱导致了语言的不合逻辑。如果将这句话去掉，"彼"的问题就已经解决，而且干净利落。

再看一个案例：

作文原题

现在的某些游戏将中国历史人物的身份加以改变，比如墨子变成了机器人、荆轲变成了美女、李白变成了刺客……对此，有人认为游戏创作必须符合历史，也有人认为这些改变可以吸引青少年关注历史，还有人认为游戏原本就是虚拟的……根据上述材料，自选角度，自拟题目，写一篇议论文。要求：观点明确，论据充分，论证合理。（2018届东城期末作文题）

学生开篇

随着科学技术的发展，各式各样的电子游戏如雨后春笋般涌现。而我国悠长的历史文化也成了游戏取材的沃土。商家为了保证娱乐性从而对历史人物的形象进行了"改编"。这一行为也激起了大量反对的声音，他们振臂一呼道："改变必须符合事实，否则就是歪曲历史！"然而我认为，游戏也可以成为了解历史的大课堂。

教师点评

最后一句话"然而我认为，游戏也可以成为了解历史的大课堂"犯的错误与上面一位同学如出一辙。由思维的不连贯导致语言的不连贯，让阅卷老师不知所云。

改变这种情况，练习由此及彼的思维过程，将审题后捕捉到的信息记录下来，说清楚"彼"从哪里来，怎么得出的。多练开篇，使"我手写我想"，写的与想的一致，想的过程体现思维的圆润。

看两个较好的开篇案例：

就目前形势而言，手游市场发展呈蒸蒸日上的趋势，形形色色的游戏层出不穷，其中自然鱼龙混杂。且不从是否传播正能量的角度谈，就不尊重历史人物这一点而言，我们也要有意识的避开一些游戏。墨子变成了机器人，荆轲变成了美女……这种赤裸裸的商业行为令很多人耿耿于怀。因此我们理应对这种对历史人物不敬的行为说不！

（2018届毕业生　张凯恒《莫把历史当游戏》开篇）

最近两年，以中国古代历史人物为"英雄"的某些游戏开始在全国范围内流行，有些玩家说，这些游戏又能放松身心还能让他们了解一些历史人物，一举两得，但我想说，面对着变成机器人的墨子，变成刺客的李白等等，你们了解的是历史吗，而那些开发者，尊重历史了吗？

小小游戏也要尊重历史！

（2018届毕业生　李玥旻《请尊重历史!》开篇）

教师点评

这两则案例从所给材料出发，围绕"游戏与史实"这一限制性话题，表达出自己的认知，让阅卷教师感到思维的连贯，语言的流畅，观点的明朗，说理的自然。

因此，解决由此及彼中"彼"的问题，要加强对作文语料的理解分析训练，加强对议论文开篇的训练。唯有这样，才能富有针对性地解决问题。

作文思路混乱、思维断裂怎么办

——解决"由此及彼"中"及"的问题

"及"是理解语料基础上的由"此"到"彼"的思维走向,是运用论据对论点分析论证的过程。这一过程的核心是说理,说理体现思维的缜密和说理的逻辑性。

近几年的高考作文,2015年全国1卷谈对"小陈举报父亲"的看法,2017年全国1卷选择关键词"写一篇文章帮助外国青年读懂中国",2018年北京卷"新时代青年——谈在祖国发展中成长",再到2018年全国2卷"弹痕问题",这些作文题目强调任务驱动也好,强调具体思辨也罢,都体现了由空洞说理向具体说理的转变。

说理是议论文的核心,我们必须训练"就事论事"的说理能力。

下面我们看一个案例(这是一篇按照2017届海淀二模作文题目完成的,即前面的漫画作文):

跨出圈子
2018届毕业生　王欣月

1. 羊被拴在木桩上,绳子很短。在这一片肥沃的土壤上覆盖着丰美的牧草,羊心满意足地吃光了它能吃到的所有牧草,美滋滋地坐卧在已光秃的荒地上,撑着圆滚滚的肚子,心想:多么鲜美的草,多么幸福的一天。

点评

描述画面,在"由此及彼"的"此"上下功夫。

2. 这只羊可爱又可怜。它就像人一样,对能为自己带来幸福感的事物有着无比的向往,渴望每一天多一些小确幸降临在头上,享受当下的舒适,知足于眼前的安逸。是啊,都说"知足者常乐",我想这是这只小羊的可爱之处,它努力把握住了能力可及的美好,却不去尝试争取能力之外的美好,这是它的可怜之处。

点评

对"羊"做出评价,自然过渡到"人",展开"由此及彼"的第一步联想,由"物"及"人",继而展开"由此及彼"的第二步联想,由"果"推"因",可爱之处,"努力把握住了能力可及的美好",可怜之处,"不去尝试争取能力之外的美好"。

3. 人的成长势必离不开对于美好的企盼与追求,这两点作为一股热流在血液中激荡,催促鼓励着我们不要安于现状,止步不前,而是去不断地探知能力所及之外的世界,去发现新事物,感知生命的价值,去探索,去超越,去不断刷新现如今的已知,去创造人生中一个又一个奇迹,去成长,成长为更强大的人,进而再去探索更高层次的领域,延展自己的认知水平,丰厚底蕴,提升人生价值。

点评

继续由"果"推"因"展开联想,回答了"人的成长势必离不开对于美好的企盼与追求"。

4. 成长,不就是这样在刷新能力上限,打破已知,挣脱束缚住我们能力的缰绳,而呈波浪式前进和螺旋式上升所达到的吗?可若任由这缰绳限制，不思进取地在这片荒芜的土地上听天由命，只能眼巴巴地望着圈外的丰美牧草，而垂涎三尺，等待着突如其来的幸运再次降临在头上，这只是坐以待毙罢了。此时又何谈成长一事，最终降临的只是死亡。

点评

运用假设关系联想，印证"不刷新能力上限，打破已知，挣脱束缚住我们能力的缰绳，就无法实现波浪式前进和螺旋式上升地成长"。

5. 没有尝试，就没有成功的可能，更没有成长的机会。没有尝试去做能力之外的事情，而是故步自封，自我感觉良好地苟活苟安，自己切断人生道路上的更多可能性，浑浑噩噩地被困在圈内打转，就不可能发掘自身的最大潜能，就不能获得比现在更多的安逸和美好。

点评

运用假设关系联想，从反面论证"没有尝试去做能力之外的事情，就不可能发掘自身的最大潜能，就不能获得比现在更多的安逸和美好"。

6. 多一些尝试，多一些能力之外的尝试，多去挑战，多去勇敢地追逐超越，不轻易给自己设限，不在眼前廉价的满足中沉沦，不依靠自认为足够的能力苟活，而是敢于直面成长过程中的诸多障碍与限制，敢于打破思想禁锢与能力桎梏，敢于挑战能力之外的事情，敢于跨出圈子，相信你收获到的不只是成长。

点评

继续运用假设关系联想，从正面论证"多一些尝试，多一些能力之外的尝试，多去挑战，多去勇敢地追逐超越"观点。

7. 跨出圈子！草场与苍穹相连，这漫山遍野的丰美牧草，都是你应得的犒赏。

点评

由画面起，到画面终，由思维的"原点"开始，到思维的"终点"结束，首尾圆合。

看完这个案例，我们是否有所启发。

这篇作文体现小作者就事论事的说理能力，"说理"是议论文的核心，要想充分说理先要学会"分析论证"，因为"分析论证"是说理的核心。说理是具体展开论证论点的过程，不仅要言之有理，还要言之有物。具体的说理不是"事例＋结论""名言警句＋结论"，具体的说理应是就事论事，在就事论事中做出公正地价值判断，进行理性地思辨，自然而然得出结论的过程。当然就事论事，也可以自然生发，巧妙拓展，这种生发与拓展是水到渠成，而不是节外生枝。

要想解决作文思路混乱、思维断裂的问题，学学练习列提纲，学学就事分析，就事说理吧。

作文不能有的放矢,不能自圆其说怎么办

——行文时解决"自圆其说"中"圆"的问题

写议论文不仅要"言之有据",还要"言之有理"。言之有理的"理"就是"说理",将义理说清楚,讲透辟,有逻辑。强调说理充分,把道理说"圆",就是我们说的自圆其说。如果把话说"圆",将理说到,让人信服,就能体现我们思想的深刻性。

练习说理,可以借助写主体段、微写作或谈论观点的语言运用题来练习。

今天这一讲主要通过具体微写作案例探究如何在行文中自圆其说、体现思想深刻性的说理。

案例1

有人说,高中生不仅要读文学类名著,还要读哲学、历史、科学类作品,对此你有什么看法?请谈谈你的认识。

学生作答

我认为读书可以做出要求,但读哪类书可以不做要求。兴趣是最好的老师,每个学生所感兴趣的领域不同,过多要求可能起到相反的作用,引起青少年时期逆反的心理。俗话说:"师傅领进门,修行在个人。"在阅读文学名著掌握阅读方法和技巧之后,给予高中学生一定的自主选择权,只有找到适合自己的书才能产生动力阅读下去获取到相关知识。读书是学习的好方法,但不要让学生为读书而读成为读

书的机器，而是为兴趣而读，为学习而读。

教师点评

这篇微写作观点不明确。尤其是将题目所给观点进行了"偷梁换柱"，撇开了是否同意"高中生不仅要读文学类名著，还要读哲学、历史、科学类作品"，另起炉灶谈"读书"，涉及读书的要求，读书的自主选择，读书的目的等。是一篇跑题作文。

"自圆其说"首先要做到观点明确。

案例2

调查显示超过六成的中学生微信朋友圈屏蔽父母，班级将组织"中学生微信朋友圈该不该屏蔽父母"的辩论赛，请你以正方或反方辩手的身份，表达自己的看法。要求：观点鲜明，有理有据。

学生作答

我认为中学生微信朋友圈可以屏蔽父母。人人都有自己的言论自由权，也有自己微信账号的隐私设置权，自己发表的东西希望谁看，不希望谁看，他人无权干涉。中学生已具备自主能力，孩子发表动态，有记录自己的生活，有分享自己的心情，有与同学朋友的交流，是难得抒发个性的平台，不应因父母的关注而备受拘束。

教师点评

这篇微写作理由不充分，理由大众化，针对性不强。比如"人人都有自己的言论自由权，也有自己微信账号的隐私设置权，自己发表的东西希望谁看，不希望谁看，他人无权干涉。中学生已具备自主能力，孩子发表动态，有记录自己的生活，有分享自己的心情，有与同学朋友的交流，是难得抒发个性的平台"这一理由是不是可以作为屏蔽很多对象的理由，似乎不是针对父母而言。

自圆其说针对性要强。

案例 3

有人说：一本好小说，既要有意义，又要有意思。请你以上面的一部名著为例，谈谈对这种说法的理解。要求：观点明确，论据恰当，自圆其说。

学生作答

一部好的小说，既要有意义，也要有意思。鲁迅先生的《呐喊》以一个个小故事，唤醒了当时中国人麻木的灵魂。简短而锋利的同时，读来也不乏妙趣横生。他的笔下有穿长衫却穷困潦倒的孔乙己，慌忙捂着手说着"不多了"的神情令人发笑；有故乡的月光下，一群小孩子撑船偷豆，淳朴的阿发一句"偷我家的吧"让人莞尔。这些故事的结局，无一不是对当时冷漠的社会，对麻木不仁的国民的一种警醒与警告，在有意思的故事中道出了有意义的道理，可谓是一本好的小说。

（2018届毕业生　吴晓）

教师点评

对小说"既要有意义，也要有意思"能够结合具体细节自圆其说。**自圆其说要言之有物。**

案例 4

从下面题目中任选一题，按要求作答。（2017西城二模）

《红楼梦》《呐喊》《边城》《红岩》《平凡的世界》《老人与海》等经典名著以其独特的魅力，为人们所熟知。

有人说："大师的笔触，处处惊人。"请从这六部作品中任选一处笔触（可以是情节设置、细节刻画、手法运用、遣词造句等），阐释其"惊人之处"。要求条理清楚，言之有物。180字左右。

学生作答

我认为,在《平凡的世界》中,孙少平通过报纸得知了晓霞牺牲的消息这一情节刻画所用的笔触令人惊讶。孙少平读报纸的习惯是田晓霞帮他养成的,晓霞曾说"一个中学生就要开始养成每天看报的习惯"。自此讨论报纸上的内容,便成了他们二人间的共同话题和联系的纽带。孙少平通过看报得知噩耗,一方面加重体现少平的悲痛,另一方面也凸显了晓霞对少平深入的影响和二人超越阶级和世俗的精神领域的亲密关系,令人动容。

(2018届毕业生 胡浩明)

教师点评

选取角度新颖,抓住了"报纸"这一联系二人的纽带论述很好。孙少平通过看报得知噩耗,既在情节上有照应,又在通讯极不发达的情况下第一时间得到这个不幸的消息,如晴天霹雳,不敢相信这是真的。路遥这样处理,一方面加重体现少平的悲痛,另一方面也凸显了晓霞对少平深入的影响和二人超越阶级和世俗的精神领域的亲密关系,令人动容。

自圆其说要论深说透。

案例 5

近日,某校给学生留的假期作业是:坚持在一个月的时间内不打电子游戏,不碰手机和电脑,每天用阅读、运动和同学互动来代替网游和上网。对此你有怎样的看法?请写出你的看法和理由,要求观点鲜明,有理有据。

下水文示范 1

我认为这项作业好!体现了老师的用心良苦,布置作业有创新,富有人文情怀。每天用阅读、运动和同学互动来代替网游和上网，好处有三：一是有助于学生增强阅读意识，科学规划阅读时间，养成阅读习惯，开阔阅读视野，改变手机上的碎片化阅读，走向整体、整本书的阅读；二是运动不仅能够强身健体，还能够愉悦身心，养成健康的生活方式，由室内走向室外，走向自然，走向社会，感受大自然的美妙，体味生活的丰富多彩；三是有助于学生零距离接触，面对面交流，增强亲近感，能够在微笑中沟通，在凝眉中思考，在碰撞中升华。这项作业对学生的健康发展有利。

下水文示范2

我认为这项作业不太切合实际！这项作业有可能是老师的一厢情愿，很难达到预想的效果。从学生完成作业的角度来看，确实难度大。假期本来学生就有些放松，尤其是有些学生自制力不强，家长又忙于工作，不会全力监管，在无人监管情况下完成此项作业着实不易。从学生心理发展来看，不利于学生健康发展、个性发展。当学生心理需求得不到满足时，可能会有抵触情绪，增强叛逆感。从学生所处时代来看，早已不是相对封闭的时代，而是"互联网＋时代"，信息方便快捷，了解社会、世界迅速，一味限制，会使学生与社会相对隔离，"两耳不闻窗外事，一心只读圣贤书"。最好的办法可以让学生短时间体验，比如缩短为一周时间，在体验中去比较，在比较中去感悟，关键还在于教师的正确引导。

自圆其说要立体多元。

总结一下，自圆其说能突出说理的充分，思想的深刻。但是要想自圆其说，我们要做到观点的明确；针对性要强；论述不笼统，要言之有物；要论深说透；理由要立体多元。

作文不能以理服人怎么办？

——写作要言之有物，言之有理

什么是言之有物呢？言之有物就是说话要有内容，读者读起来不觉得假大空。写作文不是在高空放炮，在地面听响；也不是空发议论，滔滔不绝，以俯视姿态看聆听的观众。

议论文写作言之有物不同于记叙文，记叙文的言之有物在于丰富的内容动人，议论文的言之有物在于有深刻的道理服人。

怎么做到服人呢？当然核心在说理，说理不在于空讲大道理，而是让大的道理有所依托，在具体事例挖掘中阐述道理，阐述中有一个分析论证的过程。

这个分析论证的水平决定于你的就事论事的能力。所以，不妨通过就事论事的训练来提升我们议论文言之有物、言之有理的水平。

如何就事论事呢？就事不能离开事，紧扣事去论，事是论的基础，事分析不好，论就无法展开，所以分析好事，是说好理的基础。为了训练就事论事能力，我们不妨通过观点类的任务驱动型作文加以训练。

下面给同学们举一个事例，相信会对你有所启发。

作文题目

现在的某些游戏将中国历史人物的身份加以改变，比如墨子变成了机器人、荆轲变成了美女、李白变成了刺客……对此，有人认为游戏创作必须符合历史，也有人认为这些改变可以吸引青少年关注历史，还有人认为游戏原本就是虚拟的……

根据上述材料，自选角度，自拟题目，写一篇议论文。

要求：观点明确，论据充分，论证合理。

范文呈现

史实不容修改

近两年来，某些手机游戏火遍中国，其华丽的特效，独特的战斗体验深深吸引了大批玩家。但人们也注意到，许多中国历史人物的身份形象在游戏中出现了巨大的改变，引起了热议。我认为，如果这一问题不加以修正，那么一款游戏注定是失败的。

因为，即使是在虚拟的游戏世界中，历史事实也不容修改。

对历史人物的修改，是不尊重历史的表现。某些游戏中的某些人物，其形象不但与实际身份毫无关系，甚至是大相径庭。历史人物的存在，是为了让现代的人从中学习，了解其做得好的或者坏的地方，以运用到现代生活中；或者是作为一个国家的文化象征，传达了某种精神气节。而他们不应该被用来吸引玩家，从中获取利益。当看到，本是诗仙的李白在游戏中呼风唤雨打怪升级时，这不是在吸引青少年关注李白关注历史，而是对历史，对传统文化的肆意践踏。

改编的历史对年轻人有着深远的影响。随着时代发展，玩游戏的人群年龄段也变得更广。走在放学路上的小学生、中学生们现在都开始捧着手机玩起游戏。尚且不谈这种行为是否可取。人们尤其是低龄的孩子们对初次接触或长期接触的事物会产生很深的记忆。看着美女妆容的荆轲，怎能将其与"风萧萧兮易水寒"的悲壮气概相结合？听着李白叫着喊着却是释放千奇百怪的技能，怎能找到"君不见黄河之水天上来"的豪迈？没有人想听到当这些孩子们在学校里学到墨家与墨子时，脱口而出的是一个脚踩火箭的机器人。

或许有人认为游戏是虚拟的，经过修改的历史可以更好地提升其中的乐趣，这是大错特错的，谁说引入了丰富的真实的历史元素的游戏就是无趣的呢？

《三国杀》便是其中之一，其火爆程度除了在国内人人皆知，它还已经走出了国门。游戏中武将的技能均是由其真实形象而来的，武器、道具等也能在真实世界中找到它们的身影。正是这样一款充满了中国历史风情的游戏，取得了不容小觑的成功。《三国杀》的风靡不仅仅是因为其独特的游戏机制，更是因为当你和伙伴们开始游戏时，就仿佛走进了那段历史，置身于三国时期的战场中，运筹帷幄，感受历史带来的魅力。

历史，包含着一个国家或民族的荣与辱，是支撑现代人们的精神力量。无论是利益所驱或是出于发掘乐趣。修改史实的行为都是万万不可取的。

（2018届毕业生　孙逸博）

点评

本文从手机游戏起笔，提出观点"即使是在虚拟的游戏世界中，历史事实也不容修改"，然后从两个方面分析原因，一是"对历史人物的修改，是不尊重历史的表现"；二是"改编的历史对年轻人有着深远的影响"。进而反驳"认为游戏是虚拟的"就可以改变历史。在充分分析，清晰推理之后荡开一笔，用走出国门的《三国杀》这款游戏，正面论述尊重历史，尊重真实人物形象的游戏魅力。从而得出结论"历史，包含着一个国家或民族的荣与辱，是支撑着现代人们的精神力量。无论是利益所驱或是出于发掘乐趣。修改史实的行为都是万万不可取的"。收束干净利落，简短有力，首尾圆合，是一篇自圆其说的佳作。

"下水文"是"作文题目"的伴侣

听一场报告,上一次语文

——一场报告,点燃我们心中的梦想!

无时无地不语文,随时随地学语文。每天从睁开眼开始,我们就在品味着生活,生活是语文的源泉。每天一开口说话,说的是汉语,汉语是我们的母语,凸显语文的工具性。每天一提笔写字,写的是方块字;每天一开始阅读,目不暇接的也是方块字,字里行间有真事有真情有真意,语文的味道颇浓。所以,每一天,我们品的,我们说的,我们读的,我们听的,一句话,耳濡目染的都是语文。

在这样的世界中生活学习,我们能学不好语文?

我校邀请中国第一批女航天员刘洋来学校演讲,她讲话的题目是《与祖国同行,与梦想同行》。虽然刘洋老师讲的是有关航天的,涉及航天知识、航天事业、航天精神,可在我语文老师眼里这无疑是一场生动的演讲,是一次"我与祖国"关系的生动诠释,是中国梦内涵的深刻挖掘。

所以,我们今天聊的这个话题是有关"中国梦"的话题。

话题背景

实现中华民族伟大复兴,是全体中国人共同的梦想。"大鹏之动,非一羽之轻也;骐骥之速,非一足之力也。"

读完这段话,引发你哪些思考?尤其听完刘洋老师的讲座《与祖国同行,与梦想同行》,你的内心又有哪些感触?

话题诠释

1. 中国梦是实现中华民族的伟大复兴；

2. 中国要飞得高、跑得快，就要汇集和激发近 14 亿人民的磅礴力量。

3. 航天员刘洋老师的故事道出了个人梦与中国梦的关系。

下水文

中国梦牵手你我他

有幸听到中国第一批女航天员刘洋老师《与祖国同行，与梦想同行》的讲座，既兴奋又激动，兴奋的是久仰大名的刘洋老师终于走下屏幕与我们见面了，和我们倾心交流；激动的是她的梦想触动着我的神经，点燃了我的激情，坚定了我不忘初心的信念。

她的故事如潺潺流水，缓缓流淌，浸润着干渴的心田。她的故事朴素，平实，入耳，走心。她的梦想不是空洞的口号，而是踏踏实实地做事，勤勤恳恳地付出，日积月累地积淀，静静地沉潜。

刘洋老师 1997 年当选第七批女飞行员；2010 年成为新中国第一批女航天员、中国第二批航天员；2012 年，在神舟九号发射中执行任务。每一次关键节点的选择、考验的背后都有她挑战的艰辛，过关的磨砺，辛勤地付出。尤其是从她当航天员那一刻起，她更加坚定了自己的信念：为祖国出征太空。

这一梦想既是刘洋老师的个人梦想，也是中国的梦想，她把自己投入到祖国的怀抱，祖国是实现她个人梦想的支撑。写到这里，内心情不自禁哼唱起优美的歌曲"我和我的祖国，像海和浪花一朵，浪是海的赤子，海是浪的依托"，这种情是自然的流溢，这种爱是来自心底的召唤。我想，刘洋老师也是在这种浓浓的情、自然的爱中圆梦的。为了圆梦，始终坚持两件事：学习，训练。

三到五年的课程如何在两年高质量学完，别人十四年积淀的内容如何在两年内学深学透学熟。加强体质、航天环境适应、航天专业技术等八大类的训练；种类繁多，项目繁多，科目繁多。在学习和训练面前，没有性别的差异，没有标准的差异，没有内容的差异，有差异的是付出的多少，学习训练得好坏。她用自己的热爱与执着、汗水与智慧、挑战与努力；坚持，坚持，再坚持；努力，努力，再努力；最终不负众望，圆满完成神九与天宫一号对接。

刘洋老师把自己的发展融入国家的发展，把自己的奋斗融入国家的奋斗，把实现自我的价值融入中华民族伟大复兴当中。

刘洋老师只是航天员的代表。

为了飞天梦想，一个古老的民族等待了几百年，一代又一代航天人努力半个世纪。助推中国航天从无到有、从弱到强、飞速跨越发展的钱学森；促使我国探月工程取得"五战五捷，连战连捷"的吴伟仁；见证了嫦娥一号奔月，参与嫦娥三号诞生，成为嫦娥四号探测器项目执行总监的张熇，他（她）们是三代航天人逐梦航天奋斗的代表。

"大鹏之动，非一羽之轻也；骐骥之速，非一足之力也"，中国梦实现，非一己之功，一个梦想牵手你我他，需要每个人的参与与践行，航天梦，强军梦，教育梦……，若干领域的梦想，若干人的梦想汇聚，才能实现中国梦。但可能有人会说，我不在乎大国崛起，只在乎小民尊严；可能有人会说，我追求的不是大梦想，而是小确幸。可是让我们静下心来想一想，没有国家的崛起，哪有子民的尊严；没有中国梦的实现，哪有小民的确幸。中国梦不仅是国家梦，也是个人梦，得其大者可以兼小。

一个梦想牵手你我他，一个梦想情系14亿同胞。让我们笃定地与祖国同行，与梦想同行，有"昨夜西风凋碧树，独上高楼，望尽天涯路"登高望远的追求，有"衣带渐宽终不悔，为伊消得人憔悴的"心无旁骛的执着，才会有"蓦然回首，那人却在，灯火阑珊处"豁然开朗的透彻领悟。

"和"文化

今天我们聊聊高考作文备考——中华传统文化中的"和"文化。

为什么聊传统文化？

党的十八大以来，习近平总书记多次阐述传承与弘扬中华优秀传统文化的历史影响和深远意义，他指出："博大精深的中华优秀传统文化是我们在世界文化激荡中站稳脚跟的根基"，"中华优秀传统文化是中华民族的突出优势，是我们最深厚的文化软实力"。

为什么聊"和"文化？

"和"文化是和谐文化，是中华传统文化的一部分，蕴含中华文化的大智慧。

子曰："君子和而不同，小人同而不和。"（《论语》）

有子曰："礼之用，和为贵。先王之道，斯为美。"（《论语》）

孟子曰："天时不如地利，地利不如人和。"（《孟子》）

与人和者，谓之人乐；与天和者，谓之天乐（《庄子》）

"和"文化内涵丰富，是中国人的宇宙观，是中国人待人处世的基本原则，是中华民族独特的精神标识，对延续和发展中华文明，促进人类文明进步，起到不可或缺的作用。

下水文

"和"文化

提起"和",我们会想到一连串熟语(含成语),和颜悦色、和蔼可亲、和衷共济,家和万事兴,国和百业旺。体悟这些熟语的含义,"和"是中国人的性格,是中国人的人生信条。

"和"文化,传承千年,自古有之。孔子的"君子和而不同"道出了人与人的和睦,国与国的和平。孟子的"天时不如地利,地利不如人和"道出了上下团结、人心归向、人与人和谐相处的重要作用。庄子的"与天和者,谓之天乐"道出了人与自然的和谐共生。

"和"是中华文化的大智慧,蕴含着普适价值。

"和"是和而不同,是海纳百川,是兼容并包的文化。2019年的亚洲文明对话大会,将"君子和而不同"诠释到位。"深化文明交流互鉴,共建亚洲命运共同体"成为联系47个国家、2000多代表的交流纽带,体现亚洲人民内在的价值追求。古代丝绸之路、茶叶之路、香料之路,现今"一带一路""两廊一圈""欧亚经济联盟"都是文明交流互鉴的途径,但是每个国家的境况不同,文化不同,推进文明的形式也就不同。我们希望能够通过多样的交流、文明的互鉴,实现共赢,促进经济增长、民生改善、社会稳定;更期待通过文明交流维护和平安宁。习近平总书记在讲话中说,"我们应秉持平等与尊重,摒弃傲慢与偏见,加深对自身文明和其他文明的认知,推动不同文明交流对话、和谐共生。"没有和谐,就不会有和平安宁。

"和"是和谐共生,是美美与共,是望亲亲好,望邻邻好的文化。和谐共生,既指人与人,国与国和谐共生;又指人与自然和谐共生。"一方水土,一方人文",不同的自然生态环境孕育不同的文化生态和文明形态。习总书记所说的构建人类命运共同体,不仅需要人文环境的和谐,也需要人与自然的和谐。

长城脚下、妫水之畔中国北京世界园艺博览会,汇聚了世界风采，彰显出中国特色。体现了尊重自然，崇尚智慧，习近平呼吁"同筑生态文明，同走绿色发展之路"引起世界人民的情感共鸣、心灵共振。没有人与自然的和谐，便不会有天蓝水清海阔湖美，便不会有绿水青山，山水相连。

荀子曰"万物各得其和以生，各得其养以成"道出了天地合气，万物和生；管子亦云"和乃生，不和不生"。因此，"和"也是尊重自然，天人合一的文化。子曰："天何言哉，四时行焉，万物生焉，天何言哉？"所以，从哲学角度来谈，"天人合一"是"和"的至高境界，是真善美的和谐统一的"和乐"境界。

"和"文化，自古及今，一以贯之。是人心和善，家庭和睦，社会和谐，世界和平，天人和合。

"和"是平易的姿态，宽广的胸襟；是谦虚的品质，海阔天空的情怀；是遵循自然、天人和合的规律。但是它不是软弱，更不是妥协。我们的"和"文化有底线，有原则，有坚守。面对中美贸易战中美国的霸权主义，我们态度明朗，"谈，大门敞开。打，我们奉陪到底"。

追求"和"是我们的愿望，我们讲究和气生财，和睦共事。我们提倡人与人、人与自然、国与国和谐相处，实现共赢。因为"和"文化是我们安身立命的根基，是我们立身处世的准则，是中华民族的文化基因，它积淀着中华民族最深沉的精神追求。我们希望世界因"和"而存在，因"和"而发展。

"咏"的是创新,"传"的是经典

原创题目

《经典咏流传》被称为"文化大餐",一经播出好评如潮、圈粉无数。从沁人心扉的小诗"苔花如米小,也学牡丹开",到"阿里巴巴"之父陈彼得传唱的辛弃疾《青玉案·元夕》;从4岁神童摇头晃脑"咏鹅"萌化众人,到82岁谷建芬赢得众人三次起立鞠躬……央视新推出的文化栏目《经典咏流传》眼下成为荧屏"爆款",几乎每期节目,都会在播后刷爆众人朋友圈。

就连教育部长陈宝生也为这档节目点了赞!陈部长说:《经典咏流传》,这个名字就很好,在中国古代,咏是朗诵和歌唱结合在一起,流传就是传承下去,要流行起来,这个咏又是双关语,既是一种表现形式,同时又是一种期盼,让经典能够永远流传,让它在歌唱中、在朗诵中传承下来。

对此,你怎么看?请自选角度,自拟题目,写一篇议论文。要求:观点明确,论证合理。

题目解析

从"《经典咏流传》被称为'文化大餐'"中可以读出这档节目是富有文化的,"大"字突出内涵丰富,形式多样,"餐"解决了"文化饥渴"的问题。

从"一经播出好评如潮、圈粉无数"可看出这档节目关注度高,好评率高，深受大众认可。

从"沁人心扉的小诗'苔花如米小，也学牡丹开'，到'阿里巴巴'之父陈彼得传唱的辛弃疾《青玉案·元夕》；从4岁神童摇头晃脑'咏鹅'萌化众人，到82岁谷建芬赢得众人三次起立鞠躬……"这几句话道出了经典的内容时间跨度大，丰富多彩；演绎者不论年龄，不分职业，有幼儿有老人，有支教教师梁俊，有歌手陈彼得，还有……

"82岁谷建芬赢得众人三次起立鞠躬"，引起了观众情感上的共鸣，精神上的共振。

"央视新推出的文化栏目《经典咏流传》眼下成为荧屏'爆款'，几乎每期节目，都会在播后刷爆众人朋友圈"，再次表明这档节目非常成功，"几乎""刷爆"等词不仅道出了观众的喜爱，也道出了观众对经典文化的认可，对经典文化的需求。

"就连教育部长陈宝生也为这档节目点了赞"中"也"字体现了命题人的情感倾向，陈部长点赞的理由，为考生深入思考、提出自己的观点起到了很好的启发作用。

学生作文示例

咏的是创新，传的是经典

《经典咏流传》作为一档新推出的文化栏目，一经播出便引发好评。该节目巧妙地将传统文化经典诗词与朗诵或歌唱等多样化形式相结合，由指定嘉宾在舞台上演绎，展现出文化经典在当今时代下的新魅力。

随着《经典咏流传》节目的播出，引起了社会各界对于文化经典的关注，掀起了一股"经典传承热"，不仅如此，该节目还赢得了教育部部长陈宝生的好评，他认为该节目正是以一种别出心裁的方式去传承、传播文化经典，使之在歌唱、朗诵中永远流传。

而在我看来，《经典咏流传》这一节目的高明之处就在于它夺人眼球的创新形式，它做到了继承与发展，使中国经典文化的宝藏搭乘着新的媒介，在新时代的舞台中央再次绽放，以一种全新的方式诠释中国传统文化的璀璨，让文化经典重回到人们的视野，让文化经典再次"活"起来。它蕴含的不仅是历经千百年风雨锤炼，锻造的中华优秀传统文化的丰厚内涵，更是古老诗词在新时代下被赋予的时代价值与含义。

咏的是创新，传的是经典。《经典咏流传》之所以被称之为是一场文化的饕餮盛宴，为信息技术高速发展时代下的现代人们所广泛接受和认可，离不开它实现了古典与现代，传统与新颖的有机统一。当数据化的抽象信息充斥着现代人的头脑，文化经典的传诵与感悟似乎与我们渐行渐远，而它凭借新的方式、新的渠道将文化经典向我们拉近，为我们提供了新的平台、新的媒介，让我们与经典"二次接触"，还为文化的继承与发展开辟了新道路、新思维，为中华民族文化自信的塑造创造了宝贵的条件。

《经典咏流传》承载了对于中华民族优秀传统文化经典继承发展的使命，寄托了当代人对于汲取更充分的精神养料的美好愿望与渴求，表达了对经典文化更好地发展的期盼，将"改革创新"的时代精神与继承发扬优秀传统文化相融合，使古今交汇，使文化经典在创新形式下迸发出耀眼的时代火花，更使创新的时代精神在传承经典的过程中彰显更为深厚而先进的文化色彩。

咏的是创新，传的是经典。

（2018届毕业生　王欣月）

教师点评

前两段由材料起，扣住"经典传承热"，由陈部长的点赞理由自然引出第三段，顺势提出自己的观点"而在我看来，《经典咏流传》这一节目的高明之处就在于它夺人眼球的创新形式，它做到了继承与发展，使中国经典文化的宝藏搭乘着新的媒介，在新时代的舞台中央再次绽放，以一种全新的方式诠释中国传统文化的璀璨，让文化经典重回到人们的视野，让文化经典再次'活'起来。"解决了"由此及彼"的问题，使思维圆润自然。四、五段深入剖析"被称为文化饕餮盛宴的缘由"——"为中华民族文化自信的塑造创造了宝贵的条件"，"承载了对于中华民族优秀传统文化经典继承发展的使命，寄托了当代人对于汲取更充分的精神养料的美好愿望与渴求，表达了对经典文化更好地发展的期盼"。六段结尾简洁有力，回扣材料，回扣题目，照应开篇，可以说首尾圆合，通篇议论由表及里，层层深入。

涵养英雄气，薪火传精神

原创题目

阅读下面的材料，根据要求写作。

材料一：3月30日晚，四川省凉山州木里县雅砻江镇立尔村发生森林火灾。31日下午，30名扑火人员失去联系。4月1日晚，30名失联扑火人员的遗体全部找到，包括27名森林消防队员和3名地方干部群众。4月4日上午10：30，社会各界在四川凉山彝族自治州首府西昌市，送别牺牲的30位救火英雄。

材料二：2014年以来，我国先后五批迎回589具在韩志愿军烈士遗骸，让他们可以安眠在祖国的怀抱。4月4日，第六批在韩志愿军烈士遗骸在沈阳抗美援朝烈士陵园安葬，在异国他乡长眠了60多年志愿军烈士终于回到祖国入土为安。

要求：阅读上述两则材料，选好角度，确定立意，明确文体，自拟标题；不要套作，不得抄袭，800字左右。

命题思考

1. 时事入题，不回避热议话题。这两则材料都关联到新闻的内容，这些内容都给我们带来深深的思考与启迪。

2. 时代是出题人，我们是答卷人。习总书记指出："一个有希望的民族不能没有英雄，一个有前途的国家不能没有先锋。"所以，我们要传承红色基因，培育家国情怀。

3.2019年是新中国成立70周年，新中国成立我们需要英雄，新中国的建设同样需要英雄。

4.在各种文化流行的时代，请为我们的英雄开辟一个流行的领域。

下水文

不能忘却英雄

接抗美援朝的志愿者回家，让他们魂归故里；为凉山抗火救灾的英雄开追悼会，祈求他们永久安息！这不仅仅是一种仪式，有庄严的仪式感；更是发自肺腑地表达我们对英雄的敬意，对不能忘却英雄的深切缅怀。

他们是最可爱的人，是不能忘却的英雄。

小时候学习魏巍的《谁是最可爱的人》，有段话记忆犹新：

"当你坐上早晨第一列电车走向工厂的时候，当你扛上犁耙走向田野的时候，当你喝完一杯豆浆，提着书包走向学校的时候，当你安安静静坐到办公桌前计划这一天工作的时候，当你向孩子嘴里塞着苹果的时候，当你和爱人悠闲散步的时候，朋友，你是否意识到你是在幸福之中呢？"

这段话唤醒我们的记忆，激发铭记英雄的情怀。没有他们的负重前行，就没有我们的岁月静好。

忘不了"苟利国家生死以，岂因祸福避趋之"的林则徐，忘不了"亟拯斯民于水火，切扶大厦之将倾"的孙中山，忘不了"铁肩担道义，妙手著文章"的李大钊。他们，是救民于水火的英雄代表！

敬佩《红岩》小说中的人物原型彭咏梧、江竹筠，他们为了保守党的秘密，完成党的任务，以自己的行为诠释着"中国共产党的意志是钢铁"，以捐躯赴国难谱写中国共产党党员伟大的赞歌。他们是红岩精神的代表，是以身许国，精忠报国的代表，是危难面前，无所畏惧，宁死不屈的英雄代表。

"千古英雄，风流总被雨打风吹去"，随着时代的变迁，历史车轮滚滚，英雄的名字或许湮没在硝烟中，但英雄的精神并未褪色，永续流传。

战火纷飞的年代，我们需要英雄；祥和宁静的年代，我们也需要英雄。没有英雄，就没有我们的和平与幸福。

致敬连破积年大案，以一身正气镇住邪恶的"女神警"——任长霞！她扫恶打黑，除暴安良；她铁面无私，柔肠百转；她嘘寒问暖，扶危济困，是中原大地上的女英雄。致敬出差途中因公殉职的廖俊波！他不忘初心，廉洁奉公，他是时代楷模，是人民的樵夫。致敬把论文写满高原、扎根大地的人民科学家钟扬！他带领团队，盘点世界屋脊的生物"家底"。

习总书记说："英雄是民族最闪亮的坐标。"他们是民族之精神，民族之脊梁。

我们不能数典忘祖，我们一定要饮水思源。当今的幸福与安宁时时需要有人守护，我们要打造优秀的自己，做自己心目中的英雄。

英雄有一种情怀，是天下兴亡，匹夫有责；英雄有一种精神，是不怕磨难，勇往直前；英雄有一种气节，是宁死不屈，百折不挠；英雄有一种境界，是我将无我，不负祖国。

不能忘却英雄，向英雄致敬！一个有希望的民族不能忘记英雄，一个有前途的国家不能没有脊梁！对英雄，我们要心之所系，情之所牵。

让我们新时代青年，怀揣信仰，致敬英雄！

红梅赞

试题呈现

《红梅赞》是歌剧《江姐》的主题曲。有人说优质的歌曲是"一种灵魂的语言",这也许就是其能成为经典的深层原因吧。联系《红岩》一书的阅读体验,你觉得歌中红梅的象征意义是什么?在你的心目中书中的哪个(些)人物最具"红梅"的特点?适当引用歌词,为这个(些)人物写一篇记叙性文章,表现这种特点。可以不拘泥原著,有自己的加工、创造和想象。写一篇700字左右的文章。

试题分析

本次作文依旧坚持开放性与限制性相结合的原则。

限制性就是必须联系《红岩》的阅读体验来写;联系歌词中"红梅"的象征意义来写;突出红梅特点与人物特点的联系;突出记叙文的文体特点;适当引用歌词。

开放性就是按照自己的逻辑建构文章,体现自己的思想,有自己的加工与创造。

下水文

为江姐唱一曲《红梅赞》

看完《红岩》,双手掩卷,闭目沉思,耳边似乎响起优美的旋律

"红岩上红梅开,千里冰霜脚下踩,……",心中再次燃起对富有红梅精神的江姐的敬意。

您迎雪绽放,凌寒飘香;您铁骨铮铮,傲岸不屈;您一片丹心,冰清玉洁。

这就是您啊,江姐!今天让我给您唱一曲《红梅赞》。

"三九严寒何所惧,一片丹心向阳开……"

当您来到城门口,看到人头攒动,看到有人驻足瞧看,有的交头接耳,您不免心生疑团,这是怎么回事?带着悬念的您,随着人流向前走,发现高高的城楼有几个木笼子,木笼子里装着人头。您的工作经验,告诉您,那肯定是自己的同志。想到自己任务在身,赶紧离开。但转念一想,怎么也要知道自己同志的名字。

您挤过人群,发现布告上的名字已经被雨水淋得模糊。靠近布告,眼睛被第一行字深深吸引——华蓥山纵队政委彭松涛。这当头棒喝,令您头晕目眩,再仔细看笼子里的人头,果真是自己朝夕相处的战友、同志,朝思暮想的丈夫。您热泪盈眶,胸口梗死,脚步沉重。一个感性的您与一个理性的您在较量着,理性使您回过神来,自责着"我在干什么?",为什么这么不理智?您悄悄擦干泪水,迅速离开人群,果断坚决地对华为说,"我们不进城了"。

您离家弃子,您痛失丈夫,忍受着常人难以承受的悲痛,一心一意完成党交给的任务。

"三九严寒何所惧,一片丹心向阳开……"

渣滓洞,在挂着各种刑具的审讯室,敌人强悍的身躯矗立在您面前,面目狰狞,声如暴雷。阵阵审讯,咄咄逼人。

在一片静寂之中,庄重无畏的声音清晰入耳:"你们休想从我口里得到任何材料。"

"谅你一个女共产党员,还制服不了,我们帮你打开嘴巴。"匪徒徐鹏飞狂吼着。

您的双手被紧紧绑着,有力的铁锤将竹签钉进手指。

"说不说？"匪徒吼叫。

"拔出来，再钉"，匪徒声嘶力竭。

您疼昏过去，"哗"，一盆冷水泼到脸上，"说不说！"徐鹏飞绝望地咆哮，江姐您保持沉默。

一根，两根，左手，右手，钉满了粗长的竹签。长达一夜的审讯，匪徒无所不用其极，您依旧缄默不语。

您的缄默让同志们既心疼又钦佩不已，给战友们带来莫大的精神激励！

您回到牢房时，已经被折磨得奄奄一息。您躺在牢房，耳畔听到孙明霞朗诵的楼七室、楼四室为您写的诗，您渐渐苏醒过来，让孙明霞代回一封信，写道："毒刑拷打是太小的考验，竹签子是竹做的，共产党员的意志是钢铁。"

您的回信，犹如普照大地的阳光，让大家倍感温暖。犹如红梅的香气，芳香四溢，沁人心脾。

江姐，您是红梅，是春的使者。就像歌词中所唱"香飘云天外，唤醒百花齐开放"！

江姐，您是旗帜，是榜样，是精神，是力量！我要为您唱一曲《红梅赞》：

"三九严寒何所惧，一片丹心向阳开……"。

那一刻，我情不自禁

作文题目

70年来，中国从封闭落后迈向开放进步，从温饱不足迈向全面小康，从积贫积弱迈向繁荣富强，创造了人类发展史上的伟大奇迹。70年时光流转，70年岁月变迁，不变的是中国人在平凡岗位上的不懈奋斗，每一个中国人，都是奋斗者、逐梦者。作为当代中学生，在你参加国庆节当日活动或通过电视观礼的那一时刻，你肯定思绪万千。请结合身边的人、事或个人的阅读积累"以那一刻，我"为题目写一篇不少于700字记叙文。

下水文

那一刻，我情不自禁

早五点四十，大巴车载着我们出发了，我的心一路飞翔，似乎早已到达了目的地——天安门广场。

下了车，路两边高高挂起的灯笼镶嵌在空中，装点着节日的气氛，为这肃穆的典礼增添了喜庆与活泼。

跟随队伍，有序前行。我左手拿着嘉宾卡，右手拿着邀请函，迅速地过了安检，自豪地来到天安门广场指定观礼的地方。

我的座位正对着天安门广场，虽然离城楼远了点儿，但是抬头便看到伟大领袖毛泽东的相片。这位老人自信而从容，镇定而安详，敬仰之情在我心中荡漾。

我们手举小国旗，把天安门城楼作为背景，与老人合影，荣幸与他一同见证新中国70年的岁月变迁。"东方红，太阳升，中国出了个毛泽东，他为人民谋幸福，他是人民大救星"，悠扬的歌声略过耳际，响彻长安街。二三十万人的广场歌声飘荡，红旗招展，灯笼高挂，人们抬头挺胸，目视天安门广场，聚焦毛泽东相片。他们表情严肃而舒展，美丽而自豪，摇晃着小红旗，跟着乐曲律动，用歌曲来抒发对这位伟人的景仰。歌声唤起了我文学的记忆，眼前浮现这位富有文学才华的开国领袖在不同时期的形象："春来我不先开口，哪个虫儿敢作声"的少儿霸气，"指点江山，激扬文字"的青年英气，"百万雄师过大江"的自信豪气，"待到山花烂漫时，她在丛中笑"的从容之气，"中华人民共和国中央人民政府成立了"响彻天宇的硬朗之气……这些形象招之则来，却挥之不去。喜爱钦佩之情难以言表。

记得等待盛典开始与邻座聊天时，我俩聊到毛泽东，聊到杨开慧，聊到毛岸英等，激动的我眼眶充盈，惋惜长叹。不知为什么，在我的内心深处，总觉得上苍应多留些子孙后代给这位伟人，才算是对这位伟人最真诚的告慰。

可是，我的格局显得局促。他为了不搞特殊化，与长子阔别十八年相逢不久，就送儿子下乡历练；抗美援朝，又送岸英奔赴战场。他失去了太多。但失与得的平衡是亘古不变的真理。失去得多，收获得也多，每一个子民都是他生命的延续，每一张笑脸都饱含对他的拥戴与感激。想到这里，眼泪划过脸颊。

尤其是观礼拉开序幕，听到《东方红》响起那一刻，我已经是情不自禁。

从审题到评价"一条龙"解决作文难题

作文题目

70年来,中国从封闭落后迈向开放进步,从温饱不足迈向全面小康,从积贫积弱迈向繁荣富强,创造了人类发展史上的伟大奇迹。70年时光流转,70年岁月变迁,不变的是中国人在平凡岗位上的不懈奋斗,每一个中国人,都是奋斗者、逐梦者。

作为当代中学生,在你参加国庆节当日活动或通过电视观礼的那一时刻,你肯定思绪万千。

请结合身边的人、事或个人的阅读积累"以那一刻,我"为题目写一篇不少于700字记叙文。

呈现问题

1. 审题不清,没有明确"那一刻"。
2. 叙事性不强,没能围绕"我"来架构故事。
3. 描写不足,缺少生动的色彩。

审题马老师支招

1. 解决审题的问题,要清楚作文的限制性与开放性相统一的原则。

就这篇作文来说,首先读出材料与半命题之间的关系。这道作文题是"一段材料+半命题"作文形式,如果去掉材料,就剩了半命题"那一刻,我——",写作前先聚焦两个点:"那一刻是什么时刻""我有什么所见所闻所思所感"。作文的开放性体现在我的故事,突出我的个性化思考，可以百花齐放。但所给材料限定了"那一刻"是"在你参加国庆节当日活动或通过电视观礼的那一时刻"，言外之意，就是离开这一限定性原则，意味着作文跑题。

2. 解决审题的问题，要读出作文题中的显性信息与隐性信息。

显性信息比较容易捕捉到，隐性信息需要我们读出与显性信息的关联。这道作文题目中的"70周年""国庆节""参加活动""观礼"等显性信息都很容易捕捉到，这些信息都是"我"思绪万千的点，也就是思维的触点。有了思维的触点就会有思维发散开来的内容，比如我的身份是"中学生""奋斗者""逐梦者"，我联想的可以是身边的人或事及阅读积累中的人或事。

学生范例

那一刻，我心生敬意

高一（4）班　华博

"五星红旗迎风飘扬，胜利歌声多么响亮……"，"今天是你的生日，我的祖国……"，一首首歌在我的耳畔响起，今天是重大的日子——国庆。

我准时地坐在电视机前，等待阅兵的开始。当那一个个方阵走过时，我的心头不由得颤动，一种敬意油然而生。

一个庞大的万人方阵，他们头戴草帽，身着绿衣，手中高举着麦穗儿，随着口号儿声，将手中的麦穗有节奏有层次地举起，一次又一次，一声又一声，就好像是秋日里那绿油油的麦田中，随风而起金色的麦浪。金色的麦浪，翻滚的比大海更加汹涌，更加壮阔，我好像感受到了麦子那沁人心脾的香气扑面而来，我看到了一个老者，那种感觉是虚幻的，缥缈的……

我仿佛看见了一位老者，在炎炎烈日下戴着草帽儿，一双布满皱纹的手，像两个有力的小铲子，在土地里翻找着什么。他的身边堆满了像杂草一样的麦穗,"这个不行,这个也不行……"他低着头,在地中不停地寻找适合杂交的稻穗。偌大的稻田,在他不停地寻找中,仿佛变得渺小起来,他不管头上滴下的汗珠,不管炎炎烈日的炙热,他关心的只有眼前的稻田和适合杂交的稻子。他在无数个日日夜夜中摸索,他在无数个烈日下寻找。终于,他找到了,研究出了杂交水稻,解决了许许多多人的温饱,让我国的农业飞速发展。他终于抬起了头,露出了幸福的笑脸与沾着泥土的手。他是一个平凡而伟大的人,袁隆平爷爷。

我突然回过了神,接着看电视上农业方阵向前进,他们脸上都挂着金灿灿的笑脸,像稻子香味一般甜。就是那一刻,我的心中充满了对他们的敬意。

七十年来,无数个中国科学家夜以继日的研究,他们不畏艰苦。袁隆平,让我国从温饱不足迈向全面小康。他们是无私的,伟大的。值得我们每一个人铭记,他们的贡献永不磨灭的……

陈工老师点评

作为一篇考场作文,在有限时间内紧扣题目要求,以共和国七十周年大庆为背景说开去,以点带面,歌颂了七十年来以袁隆平为代表的奋斗者、逐梦者,内容上立意极高,弘扬正能量,切合主旋律。

文章首先由歌声引入国庆场景,开门见山,迅速进入情境,带领读者来到国庆阅兵现场,将笔墨集中到一个方阵。紧扣"那一刻"发生的事情,属于实写;随后一段进入虚写,围绕标题后半部分"我心生敬意"。运用环境、动作、语言、肖像等描写手法,一个在"平凡岗位上不懈奋斗"的千千万万劳动者的代表——袁隆平形象便跃然纸上,最后提出心生敬意,呼应标题,末段直抒胸臆,升华主题,可谓卒章显志。

全文结构谨严、叙议结合、虚实相生、详略得当、文笔流畅、情感真挚,是一篇优秀的考场作文。

有一种成长让你骄傲

——写给特殊时期宅在家里的你

试题呈现

请以"有一种成长让你骄傲"为题,写一篇文章。文体不限,不少于700字。

下水文

如果用坐标轴来画出你成长的过程,你可以用横轴代表随着年龄的增加身体的成长,可以用纵轴代表随着阅历的丰富心理的成熟。可以在两轴上分别寻找一个步长,画出在有效区域里的一个点,这个点就代表你在生理以及心理变化过程中认知水平的高度,对生命感悟的高度,或是精神境界的高度。

这个交汇点就是你的成长点,这样的成长点可以画出无穷。苏轼曰,"盖将自其变者而观之,则天地曾不能于一瞬",从变的角度,天地万物没有一瞬不在变化,我们的成长亦是如此。

成长每日在继续,每时都在进行,我们常常感受不到它的变化,但当我们的成长经过这一分一秒的积累,日积月累的积淀而从数量的突破达到质的飞跃时,在某一时刻,我们似乎感受到了自身明显的成长变化时,有幸福情绪的洋溢,有令自己骄傲的自信的激发。

当根积蓄能量,被冰雪滋润时,突然听到"墙角数枝梅,凌寒独自开"的春之使者的报晓,那种成长,让梅骄傲。

当根沉睡于大地,被春风呼唤时,不料传来"野火烧不尽,春风吹又生"的生命之歌，那种成长，让草骄傲。

当根深扎于悬崖破岩，被百般考验时，耳畔回荡"千磨万击还坚劲，任尔东西南北风"的品格之曲，那种成长，让竹骄傲。

这种成长有水滴石穿，绳锯木断从量变到质变的顺其自然；有志存高远到凤凰涅槃的决心沉潜；有身处困境矢志不渝、攻坚克难、坚韧不拔的理想信念。它有外界的呼唤与塑造，更有内心的修炼与升华。

当我们钦佩苏东坡人生曲线中豁达的境界，欣然史铁生人生低谷中生命的感悟，赞叹于敏隐姓埋名28年的初心不改时，就是对生命的感悟及对生命价值追求的成长过程。

当下宅在家中的你，面对国家灾难、关注疫情发展的你，或许少了些室外的喧嚣，但是多了有关"人与自然"的思考。思考天人合一，尊重自然就是尊重自己；思考生命脆弱，即便这样，也要做一根有思想的苇草；思考人行一世，懂得拓宽生命宽度的含义。

当得知84岁的钟南山奔赴武汉，率领科研团队铁肩担道义时，你收获了什么？当中国歌坛女明星韩红闯入你的视野，见到她的爱心慈善基金会为武汉筹款超2.7亿，病倒三天的消息时，你收获了什么？当你通过各种媒体知晓那些面对生死考验当仁不让，面对瘟神肆虐果敢担当的医护人员时，你又收获了什么？

这些收获是不是在我们的心海泛起了涟漪，激荡起尊重、担当、责任、爱心、正义等各种浪花。这便是成长的痕迹，这种痕迹会让你自勉，自励，自骄。

骄傲于内心的柔软；骄傲于爱心的光束；骄傲于责任之大道；骄傲于能量之正向；骄傲于疫情当下，网络言论四起，静下心学会理性思考辨别真伪，不为情绪裹挟，不为群体意识湮灭。

这就是生命的成长。

成长不汲汲于名，不汲汲于利，是赋予生命以重量，给予生命以色彩。这种成长虽不是一蹴而就，但这种成长足以让你一生自豪与骄傲！

君子，犹如日月星天

试题呈现

经典名篇中有很多关于君子言行的论述，孔子曰："君子喻于义。"曾子曰："士不可以不弘毅，任重而道远。"欧阳修曰："人之有君子也，其任亦重矣。"张载曰："为天地立心，为生民立命，为往圣继绝学，为万世开太平。"

林则徐曰："苟利国家生死以，岂因祸福避趋之。"

国之危难更显"君子"本色，请结合你的阅读积累，结合新冠肺炎疫情的所见所闻所感，谈谈对"君子"的认识，自拟题目，写一篇不少于800字的议论文。要求：观点明确，论据充分，论证合理。

下水文

有关"君子"，早在两千五百多年前，就成了孔子论述的中心。孔子以小人为陪衬，从道德修养，人格理想、义利观、行为观等方面对君子的形象进行了勾勒。所以，君子的形象自古有之，君子的文化从古承之，如日月星天平衡万物，如日月星天运行恒久。

君子喻于义，忧道不忧贫，强调以义为质。颜回"一箪食，一瓢饮，在陋巷，人不堪其忧，而自己不改其乐"。他坚守道义，有自己的价值取向，有自己的精神追求，正如恩师所说"芝兰生于深林，不以无人而不芳。君子修道立德，不为穷困而改节"。

所以，"人之有君子也，其任亦重矣"。独善其身，完善自我不为外物所夺；兼济天下，担责之任不为他人所止。

原定于2020年2月1号举行婚礼的彭银华，面对疫情，主动申请一线工作，推迟了婚礼，却不幸感染新冠肺炎，于2月20号去世。如果他不申请抗疫，也情有可原；如果他不推迟婚礼，也合情合理。可他还是不忘医生的初心，做了不忧虑自身的仁者，做了不惧怕病魔的勇者。他不是当空的太阳，也不是皎洁的月亮，而是一颗黑寂中的流星，划过天际，短暂却留下了美丽。

他，是一位君子，有精忠报国志，有担当使命情，坦荡而走，没有私心羁绊。

君子犹如日月星天，坚守自己的轨道，看似不同，实则相成相济，和谐统一；看似独立运行，实则众志成城，同舟共济。君子不可能都成为日、月、天，宏大，显眼；还可以成为满天星星中的一个，隐匿，孤寂。虽然光亮不一，大小各异，寿命长短不同，但他们却各自坚守，不可小觑。

在战"疫"一线，那些用医者的仁心仁术治愈患者，与病魔赛跑的医护人员；那些"疫情不退我不退"的社区民警；那些翻山越岭运送蔬菜的货车司机；那些冲在疫情一线，筑起前线阻击战的钢铁长城——军人、消防员、志愿者们，都是我们挚爱的君子，民族的脊梁。

"士不可以不弘毅，任重而道远"是他们理想的诠释，"苟利国家生死以，岂因祸福避趋之"，是他们人格的写照。疫情改变了他们日常生活、工作的轨迹，却未动摇他们抗疫的决心和必胜的信念。他们用逆行的背影为众生筑起防线，成为华夏民族急流凶险中的磐石，砥柱。

君子不是神，也不是钢铁侠，而是平凡人，普通人。君子并非遥不可及，而是睁眼可见，伸手可及。如果有人问你，当君子，还是做小人？您一定会脱口而出，还是做君子。

其实我们每个人都行走在从小人为起点，到君子为终点的路途上，只不过有人还原地踏步，有的人刚刚启程，有的人路过一半不断修行，有人已经达到了终点。请别做喻于利大发国难财的小人，请别做乌泱泱聚在一起蠢蠢欲动的小人，请别做好了伤疤忘了痛贪乐好利的小人。在修行路上快快起步，前行，修行，日日完善。

在历史的长河中不乏君子泛舟，同舟共济；在美丽的画卷中不乏君子相惜，谋策献力。他们的精气聚焦于目，静藏于心，久著于身，外化于形，甚至身去而神在，光照千古，激励后人。

这就是我们仰慕的君子，君子自强不息，犹如日月星天恒久；君子其任亦重，犹如日月星天平衡万物！

我想对您说

作文题目（原创）

新冠病毒肆虐没能阻止英雄前行的脚步，疾风骤雨中仍见英雄逆行的身影。他们与时间赛跑，用医德与医术在摆渡患者的生命，可是生命的角逐难免会有牺牲。今年清明节来临，让我们以写信的方式对逝去的英雄进行一次特殊的祭奠，表达我们对他们的敬慕与思念。

请以"我想对您（你们）说"为题写封信。要求：感情真挚，情感细腻，有故事有细节，字数不少于700字。

命题意图

1. 引导学生关心时事；
2. 引导学生关注英雄；
3. 引导学生敬重生命；
4. 引导学生以悲悯之心，写人性之美；
5. 学会写应用文体书信。

师生对话（节选）

生：老师，我作文没有思路。

师：你想对谁说呢？

生：夏思思。

师：你的写作对象已经确定了。想对她说什么呢？

生：我想说说她的背景、她的事迹，然后歌颂她。

师：她是您情感倾诉的对象，您写的信是给谁看呢？

生：她呀，夏思思，嗯，还有读者。

师：好，如果是写给夏思思，她的背景，她的事迹需要你去介绍吗？

生：哦，不需要。

师：你刚才的想法是基于让读者了解夏思思，并没有把夏思思放在信的首要读者的位置。

生：那我应该怎么办？

师：把自己置身其中，你需要进行"转换"与"转化"。

角色的转换，你是一名中学生，也是信的情感倾诉者。

人称的转换。我们网络上有关夏思思的评论信息较多，那是第三人称视角，你写信"我想对您说"是第一人称视角，不管是看待问题的角度还是表达的口吻、语气都发生了变化。

材料的转化，你看到的材料多是别人推送的，你不能照搬，在你写信过程中，根据你的需要"约取"。什么是"约取"？我认为应该是得其要领的提取，是在你读完材料理解材料后根据你写信的需要慢慢释放。

阅学生作文感受

1. 学生写作前的茫然（山重水复疑无路），不认真审题，匆忙写作，不给逝去的英雄写，给白衣天使写，给所有逆行者写。南辕北辙，永远不会有"柳暗花明又一村"的豁然开朗。

2. 写作中的"忙"然（为谁辛苦为谁甜），忙着"嫁接材料"，忙着"作报告"，忙着"写评论"，像是在高空说话，不接地气。信中的我，像我但不是我。

3. 写作后的释然（粒粒皆辛苦），经过绞尽脑汁，搜肠刮肚，终究完成任务，总算能够交差，不免长吁一口气，但不是事半功倍，而是事倍功半。

4. 教师反馈后的"饰"然（行成于思毁于随）。作文是写出来的，更是改出来的。我和我的学生们就像装修房子，修改一次，美饰一番。少则一两次，多则三四次，有一位同学修改达到八次，我挺感动，也很欣慰，因为每一次都修饰都美观一点点。

敬爱的樊婧阿姨：

您好！我叫杨昊霖，是一名高中生。您并不认识我，因为我们素未谋面；但我知道您，与您的第一次"遇见"是在晨间新闻。您的照片被放在标题下，照片上是甜美、温柔的脸，洋溢着青春与活力。可遗憾的是：这张照片是黑白的，您在抗疫一线病逝了。这个消息令我震惊，让我痛惜，更让我肃然起敬。今天是清明节，我怀着复杂的心情给您写下这封信，寄给天堂的您，表达我的悼念与崇高的敬意！

我了解了您的事迹。您不是出身显赫的人，也不是厚禄高官之人，而是心灵美好、勤奋善良、恪尽职守、不负嘱托，在平凡岗位发光发热的人。

听说您在高中就已是一名共产党员，我有点儿好奇，您是怎么兼顾学业和完成党支部交给的任务的。不过了解您的事迹之后，我认为正是您的勤奋和努力，使您越来越优秀。

我想跟您分享一个秘密，一件我不知道该如何说起的事。我从小就有一个志愿，希望以后能够当一名教师。但是我一直在质疑自己以后能不能胜任这项光荣又艰巨的任务。当班主任老师收集大家的职业生涯规划时我没有交，还是不够自信，临阵脱逃了。不过走进您，读您的事迹，了解您的经历，带给我莫大的激励！您让我明白通过努力，理想与现实的距离会越来越近，努力，尽力，就没有遗感。

我想对您说，您一直都很优秀，您的去世，让我痛惜！33岁正是一个人事业开始步入正轨，渐入佳境的时候；33岁正是一个人开始组建家庭，享受爱情与亲情的时候；可惜的是33岁您就离开人间飞往天堂。一个家庭失去了一位优秀的孩子；一个单位失去了一位优秀的员工；一个组织失去了一位尽职的积极分子；一个国家失去了一位敢担当有仁爱之心的君子。

　　樊婧阿姨，我多么希望您能够看见这封信啊！多么希望您能听我为您诵读长辈写给您的赞词："樊婧同志年仅33岁的璀璨芳华，如流星般划过，闪亮于夜空，留下了永恒的身影。用短暂的生命，诠释了共产党员的'初心'与'使命'，谱写了新时代美丽的青春之歌。"多么希望您知道您的故事感动了无数人，您的精神激励了无数人！

　　最后，我想对您说，山记得您，海记得您，我们永远不会忘记您！樊婧阿姨，一路走好啊！

　　此致

敬礼

杨昊霖

2020年4月5日

以"窗"为话题的材料作文

作文题目

阅读下面的材料，根据要求写作。

四川女孩李子柒，以自家院落为背景，拍摄了一系列富有传统文化意蕴的唯美视频。她的作品题材来源于中国古朴的农村生活，既包括乡村日常生活的衣食住行，也包括松墨、蜀绣、染布等传统工艺和非物质文化遗产。

2019年，人民日报发表评论《文化走出去，期待更多"李子柒"》，共青团中央新浪微博号发表文章《因为李子柒，数百万外国人爱上中国》。2020年，她和袁隆平等人一起受聘为首批中国农民丰收节推广大使。

李子柒的视频作品就像一扇窗，向当代中国人传播中国传统文化，也向外国人介绍中国文化。

请你以"窗"为话题，角度自选，题目自拟，立意自定，写一篇议论文或记叙文。不少于800字。不得抄袭、套作。

下水文

有窗真好

一座房子，有窗真好。推开窗，可以招揽春风，逗引阳光，倾听鸟语与虫唱；关上窗，可以锁住春意，留住温暖，储存鸣唱。窗，可以接收，吸纳；可以占有，享受。

像陶渊明，"倚南窗以寄傲，审容膝之易安"。只要有窗远眺，小屋子也住着幸福，藏着欢愉。像杜甫，"窗含西岭千秋雪，门泊东吴万里船"。正是有窗远眺，窗框中才嵌着图画，写满舒畅。窗，是内外连接的纽带，是外物与心境的关照。

透过窗，屋内的人不出门就可以看到外面多彩的世界；通过窗，屋外的人可以看到屋内人的生活与心境。李子柒录制的视频，就是一扇扇窗。透过窗，我们看到的不仅是秀色可餐的自然之景，还有恬淡舒适的田园风光；不仅是如诗如画的意境之美，更是耐人寻味的审美之趣；不仅有舌尖上的美食，还有传统工艺和非物质文化遗产。

这些窗，就是一面面镜子，照出农村生活的古朴、乡村生活的平淡、人民生活的幸福，再现着特有的传统文化。借助这些视频之窗，我们可以足不出户，大饱眼福耳福，了解着"一方水土养一方人"的文化，激发了我们对传统文化的信仰，对我们特有文化的自信。这些窗，不仅可以观照自己，而且也被他人观照。外国人通过这些窗了解中国，爱上中国文化。所以，窗是文化输出的媒介，是文化共享的桥梁。

这样的文化之窗，可以是网络社会中喜闻乐见的视频、公号、博客、抖音、线上博物馆……，可以是电视、电影、漫画、报纸、书籍、字画……。每扇文化之窗，犹如风靡世界的丝绸、瓷器和茶叶，传播着中国的文化，影响着整个世界。通过这样的窗，日本有了自己的茶道，葡萄牙有了自己仿瓷技艺。

所以，有窗真好！有窗，不仅可以自观，内省；传承，发展。有窗，还可以外视，借鉴；共享，融合。普济世人的中医药学，独具东方风韵的音乐、绘画、建筑，富有中国特色的文学以及经典文化中的儒家思想，无不在传播中改变着世界，也无不在交流中完善着自我。

所以，没有窗，是万万不行的。一个国家没有窗，就拒绝了开放，必然故步自封，保守落后。一个国家没有窗，就拒绝了吸纳，占有，只是单向地输出，必然抱残守缺，失去互动与共享的活力。打开窗，不仅有文化输出，还有文化输入；并非被动接受，而是主动拿来，占有挑选并汲取。

"2019俄罗斯电影展"，世界园艺博览会，中国国际进口博览会，海南自由贸易港等，都是我们打开的一扇扇窗，窗的双向互动带来的不仅有物质文化，还有精神文化。

打开窗，让多元文化碰撞。我们既不能妄自菲薄，亦步亦趋；亦不能夜郎自大，自以为是。一定树立我们民族文化的自信，在坚守中传承，在融合中发展。文化自信不是落实在口头上，而是落实在行动上。期待更多的李子柒出现，承担文化传播的大使，做文化交流的形象代言人，因为这样的窗多多益善。

有窗真好！打开文化之窗，让我们的文化基因代代相继，让我们的中华文明绵延不息！

学生例文

向内看，向外看

高二（2）李天宇

如果将文化放在一座座宫殿中，透过窗，向内看，是文化的自我欣赏，自信传承；透过窗，向外看，是文化间的相互欣赏，交流互鉴。在我看来，文化的蓬勃发展既要向内看，也要向外看。

透过窗，向内看，是文化的传承。文化没有得到传承，就会濒临灭亡。我们的56个民族中有许多民族文化就亟须得到传承，像"赫哲族"这样的民族已经很少有人知晓，很少有人关注，逐渐淡化，处于历史长河的边缘。造成如今的局面，就是因为文化没有得到更好地传承，失去了传承的命脉。我们的中华文化成为四大文明古代文化中唯一一个没有中断过的文化，而令中华文明得以延续至今的，正是传承。我们尽可能地保护文物、古籍，为的也正是留下文化的记忆，弘扬文化的精神。由此可见，传承是文化发展的根本保障。

透过窗，向外看，是文化的互鉴。传承只是稳定状态下文化的最基本保障，在如今全球化的时代，政治、经济、科学、艺术等方方面面都呈现出了飞速变化的态势。只有相互学习、相互取长，才能使文化不断发展，不断进步。我国所提倡的"一带一路"、积极参与的"G20峰会"等国际合作平台，就是为了加强国际合作，加强多边主义，敞开国门，与其他文化深入交流。因此，"透过窗户向外看"，才能使文明延续，富有生机。

那么，如何才能更好地向内看，向外看呢？

我想，李子柒已经交出了一份满意的答卷。这位四川姐姐将一些传统工艺与非物质文化遗产融入生活，拍摄成视频，上传至一些世界共睹的平台。她让我们与世界共睹中华传统文化的魅力，让中国人更爱中国，让世界爱上中国，向内看，我们传承文化，向外看，我们传播文化。所以，我们期待更多的"李子柒"出现。

其实，不仅是个体，我们的国家为了传承文化，为了文化传播，一直持续深化改革开放。改革，就是向内看，不断完善我们的自身文化；开放，即为向外看，不断融合创新与发展。正是如此，让我们离中华民族伟大复兴的中国梦更进一步。我们坚信，透过文化之窗内外观望，我们的中华文明一定可以因传承而发展，因互鉴而多彩！

一枝一叶总关情

题目呈现

实行垃圾有效分类、提升小区物业服务水平、办好老百姓家门口儿的学校，是近年来北京市群众关注、关心、关切的"关键小事"。"关键小事","小"在切口,"关键"在意义……

北京市花大力气狠抓"关键小事",引发了你怎样的联想和思考?请联系现实生活,自选角度,自拟题目,写一篇议论文。要求：论点明确,论据充实,论证合理;语言流畅,书写清晰。

下水文

在各社区如火如荼地实行垃圾有效分类,在老旧小区惠民加装便行电梯,认真提升物业服务水平,这些事虽对于国家而言,不是什么大事,但却是实实在在,急百姓之所急、想百姓之所想,解决百姓问题、利民惠民的小事。可恰恰是这些事,影响百姓生活、关系百姓福祉。所以,民生无小事,枝叶总关情。

事虽小,却留有民生温度。在医疗方面,移动就医方便快捷,我们可以从网上提前预约;可以通过扫码进入"云胶片",查看影像图片和诊断报告;还可以通过开通的"云药房",由专家诊断开药,快递到家;借助电子发票自行打印,省时高效。政府还通过调整药品价格,来降低就医费用。这些是百姓能够感受到的看得见摸得着的事,事虽小,但体现政府、医院以民为本、爱民惠民之情。

事虽小，却提升民生幸福指数。疫情期间，宅在家中的人性化办公，返岗复工的有序进行，给员工定期发口罩、消毒用品等，这些细枝末节体现着对百姓的关心与关爱，百姓也在这枝节小事中感受到温暖与幸福。走进乡村，厕所革命，互联网覆盖，菜市场二维码扫描支付……这些"小事"都在悄无声息地改变人居环境，改变农村生活，能感受到老百姓生活在与时俱进，老百姓获得感与幸福感也在与日俱增。

事虽小，却隐藏着推动社会发展的大舞台。走进超市，货架上贴有扶贫农产品标签，物美价廉。既解决了扶贫问题，又方便顾客廉价购买。打开手机，干部们当起了广播员、推销员，为了打通农产品销路，科学发挥信息化作用，干部们将农产品直播带货或将农产品送进全国各地的超市。可见，为百姓办实事，办好事，不是句空话，而是句实话。小事情，大智慧；小切口，大意义；小抓手，大舞台。就是在抓小事的过程中，推动了美丽乡村、富足乡村的建设，推动社会的发展。

抓关键小事儿，这是国家之力，政府之举，不仅体现在医疗、环境、经济，还涉及教育、科技、文艺、交通、服务等多个领域。小事只是推进国家发展的抓手，抓小事儿是推进社会文明的过程。有小事儿才能成大事儿，有小情才能显大情，积小胜才能为大胜。抓关键小事，要有小中见民的情怀，以小见大的手法，小中见智的思想，小中见情的温度。

因为，民生无小事，枝叶总关情。

2019—2020年海淀区高三下学期期末作文

题目呈现

近些年,为给广大学子上好大学"第一课",各学校越来越重视录取通知书的设计。

陕西师范大学的录取通知书是老教授们用毛笔手写完成。炎炎夏日,他们齐聚一堂,在举行开笔仪式后,端坐案前,狼毫蘸墨,用楷书、行书等字体一丝不苟地写下每个被录取同学的名字。

清华大学的录取通知书是激光雕刻的该校"二校门"3D纸雕工艺品,由在校师生纯手工拼插完成。新同学打开录取通知书,见证了清华大学百余年传奇的"二校门"便立体完整地呈现出来。

……

上面的文字引发了你怎样的思考?请写一篇议论文,阐述你的观点和看法。

要求:自选角度,自拟题目;观点明确,论据充实,论证具有逻辑性;语言得体。

下水文

一纸通知书,一腔教育情

陕西师范大学为了学生的录取通知书,老教授们亲自出马,在开笔仪式后狼毫蘸墨。清华大学为了学生的录取通知书,将"二校门"

激光雕刻，手工拼插。虽然录取通知书的内容不同，融入的文化元素不同，完成的方式各异，但是学校立德树人的初衷一致，渗入的教育者情感如出一辙。真乃一纸通知书，一腔教育情。

为什么写通知书还要举行开笔仪式，为什么还要请老教授用毛笔来写？为什么还要激光雕刻？为什么还要手工拼插？这些复杂的程序能不能简化，这些"手写""手工"可不可以用机器替代？当我们不断追问、深入思考后，就会明白，这是录取通知书，更是教育的"第一课"，作为育人的课，当然马虎不得，需要端坐、一丝不苟的教育态度，需要花费时间、投入精力的精心打磨。所以，作为"第一课"的一纸通知书，不管是融入传统文化元素，还是传统文化元素与现代文化元素的融合；不管是老教授完成，还是师生共同拼插；不论是手写，还是激光雕刻；不管选择何种教育形式，呈现什么样的教育内容，都体现教育者教育的姿态与情怀。

当然，教育者希望即将走入校园的学子阅读录取通知书时，能够接收到老师们传递的教育信号，能够读出简短文字的师生朴素情、精致画面的爱校爱国意。

作为教育者，总是不放过任何教育的契机。这次疫情之后，我校初三年级学生返校，进入校门，每人收到了一个祝福袋，袋里有一个"中考必胜"的牌，一张写有祝福语的心形卡片。这既是教师送予学生的礼物，更是写满情感的祝福，还是对同学们返回校园的激励。这既是祝福袋，又是复学第一课；既传递了教师对久别校园学生的期待，又表达了教育者以爱育爱的初衷。

这个祝福袋是学生复学进入学校的第一课，那张通知书是青年学子迈入大学校园的第一课，成人礼是同学们步入成年人的第一课，还有中央电视台推出的带学生进入新学期的第一课……

这诸多学习、生活中的第一课，不胜枚举。它们虽然不是我们常规意义上的走进教室上的第一课，也不是通常观念下夯实基础提升能力的第一课，但却是形式多样、内容多彩，载体各异、教育多元，立德树人的第一课。这些第一课很厚重，牵动的是师者的情，承载的是智者的量，彰显的是文化的质，寄托的是育者的怀。

《管子·权修》中说："一年之计，莫如树谷；十年之计，莫如树木；终身之计，莫如树人。"对国家而言，若要求发展，莫若培养人才。作为培养人才的教育者，不放过任何立人的契机，因为他们肩负的是使命，承担的是责任，塑造的是生命，雕琢的是精神，融入的是情感。毛笔写出的是顶天立地的人，手工拼插的是细腻精美的艺术。

一纸通知书，很轻；一腔教育情，很重！愿学子读之，明意；品之，动情；悟之，立己。

2019年高考语文全国Ⅰ卷作文

全国Ⅰ卷

适用地区：山东、安徽、湖北、福建、湖南、山西、河北、江西、广东、河南

阅读下面的材料，根据要求写作。

"民生在勤，勤则不匮"，劳动是财富的源泉，也是幸福的源泉。"夙兴夜寐，洒扫庭内"，热爱劳动是中华民族的优秀传统，绵延至今。可是现实生活中，也有一些同学不理解劳动，不愿意劳动。有的说："我们学习这么忙，劳动太占时间了！"有的说："科技进步这么快，劳动的事，以后可以交给人工智能啊！"也有的说："劳动这么苦，这么累，干吗非得自己干？花点钱让别人去做好了！"此外，我们身边也还有着一些不尊重劳动的现象。

这引起了人们的深思。

请结合材料内容，面向本校（统称"复兴中学"）同学写一篇演讲稿，倡议大家"热爱劳动，从我做起"，体现你的认识与思考，并提出希望与建议。要求：自拟标题，自选角度，确定立意；不要套作，不得抄袭；不得泄露个人信息；不少于800字。

下水文

"劳"其筋骨，益其心志

各位同学：

大家好！今天我演讲的题目是《"劳"其筋骨，益其心志》。

听到这一题目，同学们肯定想，使自己筋骨劳累，还能增加意志品质？

没错！别人或者自我设定了自己必须完成的任务，完成这一任务就要付出劳动，这个劳动的过程，就是劳其筋骨的过程，也是培养意志品质的过程。

这让我回忆起有关劳动的过往。

小时候，冬天到了，教室要取暖，就得自己生火。按照值日组分工，我和两个小伙伴负责生炉子，每周轮一次。家住在村子的东北角，学校坐落在村子的西南角，从家走到学校至少需要二十五分钟。早晨八点上课，七点半之前要把炉子生好，我得七点之前到校，六点半天还黑着就得出家门。不过还好，和我同组的是隔壁嫂子家的一个侄女，她比我年长两岁。每次该我们生炉子的前一天晚上，我俩就准备好所带的柴火——玉米秸和玉米骨头，免得早上耽搁时间。早上六点半，准时出发。

第一次，我俩和另一个小伙伴来到教室，面对冷冰冰的铁炉子，看看从家里带的柴火，和学校备好的煤，不知如何下手。虽然耳边响起老师及父母的嘱咐，但是干起活来还是手忙脚乱。到底侄女比我年长两岁，在家里干活也多。第一次生炉子，她当主力，我和另外一个小伙伴给她打下手。已记不清当时划了多少根火柴，用了多少柴火（怕生不着火，尽可能多带），教室怎么乌烟瘴气；只记得赶在同学们来之前生好了炉子。

生炉子应是我接触的较早的体力劳动，这种劳动对生活在城里的我们来说早已成为过往，但正是这段过往的劳动埋下了意志的种子，让我明白什么是自己的事情自己干，什么是吃苦耐劳，什么是坚韧与坚持。

长大了，上了中学，到了冬天，银装素裹之时，我们会拿起铁锹，和班主任去扫雪。在我们热火朝天干完一番后，通往教室的、办公室的、厕所的小路被我们清扫得干干净净，还顺便堆了个雪人。下雪以后天很冷，但劳动后的同学们手心冒着汗，脸上笑开花。这可能就是劳动带来的欢愉吧。

再后来，工作了，到办公室，打扫好卫生，给老教师倒好水，写下自己一天的工作计划。开始备课、上课、辅导、与学生谈心。

我们所做的，不仅是脑力劳动，也是体力劳动。体力劳动与脑力劳动无法截然分开。一名教师，光有智慧，是教不好书的，因为教书需要体力；一名医生，光有精湛医术，是站不好手术台的，因为做手术也需要体力。"学习忙，劳动占时间！"的论调是将"学习"与"劳动"的概念对立了，其实"学习"就是一种劳动，它既需要脑力，也需要体力。

意志是体力的给予，没有体力，谈不上意志；没有劳动，谈不上意志磨砺，更不会有创造的力量。约旦政治家侯赛因说："力量并非是体力的代名词，真正的力量是坚韧不拔的钢铁意志产生的。"因此，"劳"其筋骨，益其心志，才会有无穷的力量。

或许有同学还在想，"科技进步这么快，劳动的事，以后可以交给人工智能啊！"的确，有些体力劳动，正在或者将来被我们脑力劳动的成果取代，但是我们不能以偏概全。做好当下的事情，每一份劳动都似一枚徽章，记载着劳动丰厚的价值。

嫌苦怕累，贪逸恶劳者怎么会明白"民生在勤，勤则不匮"的意义？

同学们，勤劳带给我们的不仅是物质的收获，还有身心的健康，意志品质的磨砺。劳动是举手之劳的点滴，是习惯成自然的付出，是身体得到锻炼的欢愉，是给予他人方便的安慰，是无须他人提醒的自觉，是当仁不让的情怀，是奋斗不息的信念。

热爱劳动，从我做起，不推诿，不逃避，记住——"劳"其筋骨，才能益其心志。

2019年高考语文全国Ⅱ卷

全国Ⅱ卷

适用地区：甘肃、青海、西藏、黑龙江、吉林、辽宁、宁夏、新疆、内蒙古、陕西、重庆、海南

阅读下面的材料，根据要求写作。

1919年，民族危亡之际，中国青年学生掀起了一场彻底反帝反封建的伟大爱国革命运动。1949年，中国人从此站立起来了！新中国青年投身于祖国建设的新征程。1979年，"科学的春天"生机勃勃，莘莘学子胸怀报国之志，汇入改革开放的时代洪流。2019年，青春中国凯歌前行，新时代青年奋勇接棒，宣誓"强国有我"。2049年，中华民族实现伟大复兴，中国青年接续奋斗……

请从下列任务中任选一个，以青年学生当事人的身份完成写作。

①1919年5月4日，在学生集会上的演讲稿。

②1949年10月1日，参加开国大典庆祝游行后写给家人的信。

③1979年9月15日，参加新生开学典礼后写给同学的信。

④2019年4月30日，收看"纪念五四运动100周年大会"后的观后感。

⑤2049年9月30日，写给某位"百年中国功勋人物"的国庆节慰问信。

要求：结合材料，自选角度，确定立意；切合身份，贴合背景；符合文体特征；不要套作，不得抄袭；不得泄露个人信息；不少于

800 字。

下水文

爱您一万年
——观"纪念五四运动 100 周年大会"有感

"爱您一万年,爱您经得起考验!"哼唱着这首歌曲,眼前不禁又浮现出这个画面。

2019 年 4 月 30 日上午 9 点,人民大会堂,会场庄严肃穆,主席台上方,赫然条幅"纪念五四运动 100 周年大会"悬挂其中,后幕正中"1919—2019"红色字标映入眼帘,十面红旗分列两侧。

忆 1919,激情满怀,不忘国耻。想当年,爱国学子走上街头,云集天安门、火烧赵家楼,掀起了爱国、进步、民主、科学的热潮。"中国的土地可以征服,但不可以被断送;中国的人民可以杀戮,但不可以低头",这些宣言道出了华夏青年儿女炽热爱国心,不屈自强志,浓浓学子情。

为了"雪耻",这里不乏引领共产主义思想的"南陈北李",不乏造就新青年的教育家蔡元培,不乏参加《新青年》编辑工作具有"民族魂"之称的文学家鲁迅。

叹 1949,凤凰涅槃,不忘历史。在天安门城楼,毛泽东同志一句"中华人民共和国成立了",让举国欢庆,全民沸腾。中国共产党经过反围剿、二万五千里长征,经过抗日战争、解放战争,历史沧桑带来历史巨变。

铭记历史,铭记英雄。追忆一个个逝去的年轻的生命,杨靖宇、江竹筠、董存瑞、刘胡兰……,他们的青春虽然短暂,却划出了美丽的弧线,现出青春靓丽之光彩。

赞 1979,接续奋斗,持之以恒。奋斗是青年人的底色。早在 80 年前,毛泽东同志就指出:"中国的青年运动有很好的革命传统,这个传统就是'永久奋斗'。"

唯有奋斗，是治"穷"良药。穷则变，变则通，通则久。甘肃古浪腾格里沙漠南缘八步沙"六老汉"及其后代，父子相继，三代接力，37年，不忘初心，坚持治理，投入到生态文明的建设中。大漠变林场，交上了绿水青山就是金山银山的完美答卷。可谓四十载惊涛拍岸，九万里风鹏正举。

唱2019，不辱使命，凯歌前行。百年前，浴火重生；百年后，文明再现。一百年，记录沧海桑田，记载风云变幻。一百年，书写坚韧不屈，谱写生命传奇。一百年，不乏领袖的丰功伟绩，不乏子民的砥砺前行。

习总书记说："一代人有一代人的长征，一代人有一代人的担当。"建成社会主义现代化强国的接力棒已在我们手中，如何实现中华民族伟大复兴，做好我们的接力跑？是我们当代青年的行动与思考。

我们要知行合一，超越"小我"，融入"大我"，追求"无我"之境。做不分角色，不论行业，不管身份的奋斗者；做实现中国梦的汇聚者；做复兴中华民族实力的提升者。

这次大会，我作为青年学子代表，可以身临其境地观，大饱眼福地听。既是一次与"五四"精神、与百年历史对话，也是一次与自我心灵的对话。

对泱泱中华的那份爱，如初升之日，火红灿烂；对华夏民族的那份情，如溢满之河，一泻汪洋。

"爱您一万年，爱您经得起考验，飞越了时间的局限，拉近地域的平面，紧紧地相连。"

爱您一万年，风华正茂，精魂不变！

2020全国I卷作文下水文及指导

题目呈现

阅读下面的材料,根据要求写作。

春秋时期,齐国的公子纠与公子小白争夺君位,管仲和鲍叔分别辅佐他们。管仲带兵阻击小白,用箭射中他的衣带钩,小白装死逃脱。后来小白即位为君,史称齐桓公。鲍叔对桓公说,要想成就霸王之业,非管仲不可。于是桓公重用管仲,鲍叔甘居其下,终成一代霸业。后人称颂齐桓公九合诸侯、一匡天下,为"春秋五霸"之首。孔子说:"桓公九合诸侯,不以兵车,管仲之力也。"司马迁说:"天下不多(称赞)管仲之贤而多鲍叔能知人也。"

班级计划举行读书会,围绕上述材料展开讨论。齐桓公、管仲和鲍叔三人,你对哪个感触最深?请结合你的感受和思考写一篇发言稿。

要求:结合材料,选好角度,确定立意,明确文体,自拟标题;不要套作,不得抄袭;不得泄露个人信息;不少于800字。

师生对话节选

生:老师,您看看我读完全国I卷下水文的收获。我发文档给您。

师:非常好,还有文字记录啊!

生:我做了批注。

师:看了你的批注,你的认真学习态度感动我。这类写作你陌生吗?

生:老师,我们好像做过类似的训练,您在讲必修下册时练习过,比如阅读课文后,喜欢谁?为什么?

师:对。我们做过微写作训练,再一起回忆一下。

1. 《烛之武退秦师》中涉及佚之狐、烛之武、郑伯、秦伯、晋君等几个人物,你喜欢哪个人物?请说出理由,而且要以理服人。

2. 在《子路曾晳冉有公西华侍坐》一文中,你更喜欢哪个弟子?为什么?请结合文本自圆其说。

3. 《子路曾晳冉有公西华侍坐》是孔子教学的范例:一位教育的先师和一群求知的学生,留下一场著名的对话,其教育场景让人回味。文章通过老师和四个学生的对话,以言志为线索,不蔓不枝,再现了学生的志趣、性格和教养,也表达了老师的思想、情感和态度。子路的率直、冉有的礼让、公西华的谦虚,曾皙的洒脱,人物的发言都合乎各自的个性、身份、志趣、教养,显得深刻而生动,请你结合文章的具体内容,说说孔子作为一名教育者,他是怎样的一个人。要求:有理有据,结合《侍坐》具体内容。

4. 从《红楼梦》中选择一个既可悲又可叹的人物,简述这个人物形象。要求:符合原著故事情节。

5. 读了《论语》,在孔子的众弟子之中,你喜欢颜回,还是曾参,或者其他哪位?请选择一位,为他写一段评语。要求:符合人物特征。150—200字。

师:也比较过这五道微写作的同异,详见下列表格。

题目设置源点	内容	要求	能力
烛	喜欢哪个人物	说理、以理服人	分析说理
侍坐	你喜欢谁	说理、以理服人	分析说理
侍坐	是怎样的一个人	有理有据、结合具体内容	概括、分析
红楼梦	既可悲又可叹的人	简述、符合原著	概述中有分析
论语	你喜欢哪位?	评语、符合人物特征	分析评价

师：你的批注重心在结合材料的分析说理上，今天我们重点分析一下这道全国 I 卷作文题解题的过程。

这道作文题与 2015 年全国课标 II 卷作文试题有些相似。你可以比较它们的异同。

当代风采人物评选活动已产生最后三名候选人：大李，笃学敏思，矢志创新，为破解生命科学之谜做出重大贡献，率领团队一举跻身国际学术最前沿。老王，爱岗敬业，练就一手绝活，变普通技术为完美艺术，走出一条从职高生到焊接大师的"大国工匠"之路。小刘，酷爱摄影，跋山涉水捕捉世间美景，他的博客赢得网友一片赞叹："你带我们品味大千世界""你帮我们留住美丽乡愁"。

这三人中，你认为谁更具风采？请综合材料内容及含义作文，体现你的思考权衡与选择。

要求选好角度，确定立意，明确文体，自拟题目；不得套作，不得抄袭。

生：任务很接近，一个是谈"对哪个感触最深"，一个是谈"谁更具风采"。一个是读书会发言稿，一个没做要求。

师：你感知挺敏锐，这两道作文题都属于任务驱动型作文。这种作文从说理要求、说理范围、说理态度上都有严格的要求。说理就事论事，议不离事，将思维走向深化；说理范围并非面面俱到，而是专论一点，说深论透；从说理态度上入情入理，文明交流。改变作文空泛、广泛、粗糙的议论。

这两道作文题都由三部分组成，材料语、引导语、要求语。要求语往往是作文的共有属性，引导语才是任务驱动作文的重心，也是解题的关键。

生：这种任务很接近我们的学习生活，感觉很实用。

师：对，强调实用，解决现实认识问题。强调写作情景的创设，强调写作要完成具体任务。这个引导语，我们可以抓到关键词，形成一个内在的逻辑链条，比如我把这个任务语整合为一个长句：写一篇读书会上使用的、围绕所给材料讨论"哪个人让你感触最深"的发言稿。

生：明白了，写作一定要注意限定语，否则会出现跑题的现象。

师：是的，但是打开写作思路还在于对材料语的深入分析。

生：以题解题。

师：对，以题解题，以文解题，也是对情境文本阅读能力的考查，对平素积淀的语言素养的考查。

师：通过对材料语的分析，我们会慢慢打开写作思路，形成逻辑思维链条。

师：哪个人物让你感触最深？在权衡过程中暗含比较，在分析中有个因果。我们不妨从果推因，由三句评价语入手形成各自的思维链条。

分析齐桓公，由后人称颂齐桓公"九合诸侯、一匡天下，为春秋五霸之首"入手，探寻原因，不难发现：接纳有一箭之仇的管仲，这是忽略自我利益的容人之胸怀；听取鲍叔的忠诚劝谏，这是圣明君主纳谏之智慧；重用管仲，给他搭建平台，这是国家至上的无我之境界。

分析管仲，从孔子评价"桓公九合诸侯，不以兵车，管仲之力也"入手，寻根溯源会发现：管仲是千里马，有千里之力；管仲遇到了鲍叔，喜遇伯乐；管仲遇到了齐桓公，幸遇明君。成长之路管仲占据了人和的优势。

分析鲍叔，由司马迁的评价入手，"天下不多（称赞）管仲之贤而多鲍叔能知人也"，迅速找到关键词"知人"二字，知人不仅有慧眼，还要有胸怀。不仅有待友之诚，还有待君之忠。不仅有甘居其下之美德，更有成就他人之大我。

这样的逻辑链条把握了，文章框架就出来了。

师：再回忆我们师生前面对话的片段，为你的写作助一臂之力。

回放之回放

师：在《四子侍坐》的四个弟子中你喜欢谁？为什么？请说出理由，而且要以理服人。

例1：在《四子侍坐》这篇文章中，我最喜欢子路，他性格的率真和志向的远大给我留下了深刻印象。一日，孔子问子路、曾皙、冉有、公西华这四位学生，如果他们得到任用会怎么办。"子路率尔而对曰"，即使是被夹在大国之间，饱受战争之乱、尽忍饥饿之苦的千乘之国，经过他的治理，三年之后一定会井井有条、人人有勇。在他不假思索地回答中，处处彰显着强大自信，句句昭示着远大的理想。这种自信心和鸿鹄志是子路人格魅力的外在体现，深深吸引着我。

师：说理时举例很重要，但并非是以事代理，应该是以事说理，在叙事中有分析。不用担心别人不懂你讲的故事，议论文叙事不在详细，而在说理。相当于把故事分解了，抓住分析的点叙述分析。

例2：在《四子侍坐》这篇文章中，我最喜欢子路，他性格的率真和志向的远大给我留下了深刻印象。当孔子问及如果弟子们得到任用会怎么办，子路第一个"率尔而对"。通过一个"率"字，我不仅感受到子路思维的敏捷，更发现了他的敢为人先和满满自信。之后，子路描述了千乘之国处境的恶劣，又说出了自己心中的目标，与他治理前的环境形成了鲜明的对比。这种鲜明的对比不就是他对自己才能的极大肯定吗？是的，正是由于子路不假思索地回答中，既暗含着清晰的逻辑，又处处彰显着强大自信，句句昭示着远大理想，才深深地吸引了我。所以，我们要敢于表达、树立自信，让自己的人生坦坦荡荡。

师：这次分析上下了功夫，比第一次好多了。分析要围绕关键词展开，最后一句总结有些画蛇添足，最好扣到喜欢子路上。

例3：在《四子侍坐》这篇文章中，我最喜欢子路，他的率真、自信和志向的远大给我留下了深刻印象。当孔子问及如果弟子们得到任用会怎么办时，子路第一个"率尔而对"。通过一个"率"字，我不仅感受到子路思维的敏捷，更发现了他敢为人先的率真与自信。他描述了千乘之国处境的恶劣，又说出了自己心中的目标，与他治理前的环境形成鲜明的对比。这种鲜明的对比不就是他对自己才能的极大肯定吗？一个"率"字，看似是他不假思索地回答，实际是他思维敏捷、自信的体现。他"对"答的内容逻辑清晰，处处彰显着强大自信，句句昭示着远大理想。所以，喜欢他，我要向他学习敢于表达、树立自信，让自己的人生坦坦荡荡，活出"真我"。

师：喜欢天宇认真学习的样子，作文是修改出来的，每次修改都能看到你的进步。

马老师感言

这次对话让我有两点感触：

1. 作文备考无所谓地域，每个地域的作文我们都可以拿过来训练，因为它们有共性特点，而且互相借鉴。作文考查思想，落实立德树人根本任务。作文凸显价值取向，彰显人文精神，厚植家国情怀，增强文化自信，体现使命与担当。作文扣合时代特征，鼓励学生理性思索，引导正确看待人与世界、人与自然、人与社会现实的关系。作文在考查学生文字功力外，注重学生逻辑思维能力、批判思维能力与辩证思维能力的考查。所以，我们的备考要引领学生的思想、培养学生的思维、提升学生的语言表达。

2. "教学相长"，遇到认真学习的学生是老师的荣幸，有这样的学生，会督促教师不断成长。

2020年北京卷作文下水文

题目呈现

阅读下面的材料,根据要求写作。

2020年6月23日,北斗三号的最后一颗卫星成功发射,标志着我国自主建设、独立运行的北斗卫星导航系统完成全球组网部署。整个系统由55颗卫星构成,每一颗都有自己的功用,它们共同织成一张"天网",可服务全球。

材料中"每一颗都有自己的功用",引发了你怎样的联想和思考?请联系现实生活,自选角度,自拟题目,写一篇议论文。

要求:论点明确,论据充实,论证合理;语言流畅,书写清晰。

下水文

每颗"星",都是立体的存在

北斗三号最后一颗卫星成功发射,具有标志性的意义,这一意义凸显了这颗星的不凡与伟大。

但是这一颗与组成天网的其他54颗卫星一样,又都是不可或缺的,它们只有协同发挥作用,才能更好地服务全球。所以,这颗星对于天网这一系统来说,再璀璨,也只是发挥自己的功用而已,从这一点来说它又是平凡的。

如果用一句诗来形容一个个体的功用,我会选择苏东坡的"横看成岭侧成峰，远近高低各不同"。看一个个体，像看它立体的多个侧面，审视的角度不同，带来的客观认知、主观感受也就不同。

在诗歌文化的璀璨星空中，诗仙李白是一颗耀眼的星，但在无垠的天际，不管他多引人夺目，也只是众星中的一颗。在艺术长廊的优美画卷中，齐白石是浓墨重彩的一笔，但在唯美的世界，不管他的画多吸引眼球，也只是众多画轴中的一幅。李白之于源远流长的诗歌文化，齐白石之于贯通古今的艺术长廊，他们价值灿烂，无疑是伟大的。但归于系统，亦如沧海一粟，森林一木，毋庸置疑，又是平凡的。

其实，每个个体都是立体的存在，一面很伟大，一面很平凡，就是一个纵横交错构成的立体。犹如《鸟瞰古文明》一书呈现的，有金碧辉煌、巍峨庄严，亦有斜阳草树、寻常巷陌，古建筑的伟大与平凡就像孪生姊妹，有着斩不断的血脉亲情。物犹此，人亦然。

被称为"敦煌女儿"的樊锦诗，我们称赞她伟大，不是因为她的头衔，她的荣誉；而是她扎根大漠57年平凡的生活，铸就了保护敦煌石窟非凡的事业，用热爱与坚守谱写了家国情怀。被赋予"时代楷模"的八步沙林场场长郭万刚，他的伟大不是一举成名，而是治沙成功，带民致富。"把沙治住，才能把家守住"这斩钉截铁的信念，是近40年扎根荒漠从六老汉那里留守并改变的薪火相传，是几十年如一日的执着坚守将不毛之地变成满眼绿洲，开发旅游文化的不凡之举。

平凡的职业，平凡的岗位，平凡的生活，却不平凡的坚守，不平凡的奋斗，成就了不平凡的一生。

也许有人会说，我不是樊锦诗、不是郭万刚，我不是李白、齐白石。我不能像他们那么伟大，却总是趋于平凡。我是一株草，无名。我是一朵花，不艳；我是一颗星，暗淡。

其实，这才是大多数人的真实一生。一个舞台，站立中央的毕竟是少数，一个系统，起到核心作用的总是凤毛麟角。所以，我们要接受自己的平凡，享受自己平凡的生活，平凡的工作。

杜鲁门的弟弟在杜鲁门成功当选美国总统被记者访问时说："我为哥哥感到骄傲，他将是美国最优秀的总统之一。但我同时也为自己感到骄傲，我是一名农夫，用自己的手养活了自己，照顾了父母。"

杜鲁门伟大，弟弟也伟大，弟弟的伟大在于他坦然地接受了自己的平凡，有着自己笃定的精神态度。

每个个体，都可以是一颗"星"，发出自己应有的光亮，有其自己独特的价值。作为小草，你可以铺开绿茵；作为小花，你可以编织锦绣；作为星星，你可以镶嵌宝石。

追求伟大是一种完善自我的精神，甘于平凡是一种淡定从容的心态。不为别人的光芒炫目，不因自己的微光暗淡。每个个体，都是立体的存在。

在抗击新冠病毒疫情中，逆行的医护人员、科研工作者是伟大的，令人仰慕；筑牢防护城墙的其他国民，也是不容小觑的，让人敬佩。不同的岗位，不同的职责；不同的群体，不同的功用。每个人都在释放着自己的能量，都在挖掘着自己的潜能。正是如此，我们的抗疫系统才平稳运行，效果显著。

每个个体，在系统运行中多像一块多米诺骨牌，只有做好自己，才不会有负向的连锁反应。所以，当系统运行正常时我们看到的不仅是组成系统个体的渺小与平凡，更要慨叹它们的卓越与伟大。

我们的地位可能卑微，身份可能渺小，一生可能不是轰轰烈烈，也不见得名垂青史；但我们坚信，每颗星，都是立体的存在。我们要接受平凡，甘于平凡，坚守平凡，坚信在平凡中创造自己的价值，经得起时间的雕琢，耐得住困境的考验。惟其如此，才能横看平凡人生，侧看不平凡的意义。

学习驿站

　　求学之旅，如同沿岸行走。有潺潺水声相伴，有啾啾鸟鸣相悦，但偶有荆棘羁绊，泥淖阻拦，关键是我们目标的聚焦点是什么。聚焦真的、善的、美的，正能量爆满；聚焦假的、恶的、丑的，负能量爆棚。境由心造，心态好，心境好，格局高。

思想驿站——开学寄语

以诗会友，多么透彻的领悟

同学们，新学期好！我们由初中走向高中，又结识了新的朋友。有新同学，有新老师，还有一些文学大师、伟人。这些大师或许我们摩挲过他们的文字，或许倾听过他们的声音，也或许听过别人对他们文字的传诵。

这学期，我们将接触富有英雄气质的曹操、毛泽东，接触富有超强想象力的李白、郭沫若，接触富有朴素气质的白居易、陶渊明，接触富有豪放情怀的苏轼、辛弃疾，接触忧国忧民的杜甫，接触"莫问收获，但问耕耘"的闻一多……

让我们带着对他们的记忆或憧憬，走进他们的诗篇，收获丰富的人生启迪与透彻的人生感悟。

今天开学第一讲，让我们读诗，读友；以诗会友，开启新学期学习之旅。

境由心造，乐观向上

"自古逢秋悲寂寥，我言秋日胜春朝。"不仅唐代大诗人刘禹锡这样，我们的开国领袖毛泽东笔下的秋更是如此，他的词《沁园春·长沙》《清平乐·六盘山》《浪淘沙·北戴河》等一扫秋的落寞，脱尽悲秋的窠臼，写得豪情万丈，荡气回肠。

我们今天欣赏他的《采桑子·重阳》：

人生易老天难老，
岁岁重阳，
今又重阳，
战地黄花分外香。
一年一度秋风劲，不似春光。
胜似春光，寥廓江天万里霜。

这首词通过重阳述怀：又是一个登高赏菊之日，又是一个秋风劲吹之时，菊芳飘香，胜似春光，如宇宙般广阔的江面天空泛着白霜。

有情有景，有色有香，有画有趣，哲理尽显。没有秋的萧瑟氛围，没有秋的肃杀之气，有的是天朗气清，秋风浩荡，菊花芬芳，生命力强。这样的意境不取决了客观之景，而取决于主观之情，境由心造，便是如此。

"情"是积极，还是消极；"境"是开阔，还是局促；都取决于我们的"心境"。物随心转，境由心造，说的就是人的心情的好坏会直接影响到我们对环境感知的差异。

读毛泽东这首词，我们如果不联系当时的创作背景，很难更深刻体会他的宽广胸襟和高度的革命乐观主义精神。

毛泽东于1929年创作这首词时，生活事业并不如意。一是红四军第七次代表大会落选，丢掉了前委书记的职务；二是他的游击战术被冠以"流寇主义"，被指责会像黄巢和李自成一样难成大器。三是他强调党对军队的领导必须加强，又被冠以有"形成家长制度的倾向"。四是身染疟疾，在永定县苏家坡养病期间差一点儿被捕；红四军第八次代表大会召开，他被担架抬到上杭县城继续养病，却没有恢复前委书记的职务。

虽然毛泽东的梦想和现实发生了位移，但是品读他的诗歌，总是怦然心动，即便面临困难，身处逆境，仍打造良好心境。所以，他的词即便描写秋天，依旧"胜似春光"，他对革命的初衷不改，对革命赞誉之情依旧高亢。

今天我们捧读这首词，其境界的开阔，胸襟的豁达，面对困难不屈不挠、愈挫愈勇的情怀，乐观向上的精神仍给人震撼。

人生如树。一棵树，会有风的侵袭，雨的洗礼，日的曝晒，雹的敲击……人生之路，有荆棘，有泥淖，会遇到挫折，会经历坎坷，会有不开心的事儿，会有不合理的情。但境由心生，有什么样的心境，就能看到什么样的风景。

学会欣赏，总能遇到美好，因为境由心造。

莫问收获，但问耕耘

"莫问收获，但问耕耘"，这是曾国藩的座右铭，也是闻一多《红烛》这首诗中的画龙点睛之笔。

不管是曾先生，还是一多大师，都有"功到自然成"的境界，都有水到渠成的高雅，追求结果与过程的自然相融。

接下来让我们一起来读一读闻一多的《红烛》，感受他的崇高与伟大：

红烛（序诗）
闻一多

红烛啊！
这样红的烛！
诗人啊！
吐出你的心来比比，
可是一般颜色？

红烛啊！

是谁制的蜡——给你躯体？
是谁点的火——点着灵魂？
为何更须烧蜡成灰，然后才放光出？
一误再误；
矛盾！冲突！
红烛啊！不误，不误！
原是要"烧"出你的光来——
这正是自然的方法。

红烛啊！
既制了，便烧着！
烧吧！烧吧！
烧破世人的梦，烧沸世人的血——
也救出他们的灵魂，也捣破他们的监狱！

红烛啊！
你心火发光之期，
正是泪流开始之日。

红烛啊！
匠人造了你，
原是为烧的。
既已烧着，
又何苦伤心流泪？
哦！我知道了！
是残风来侵你的光芒，你烧得不稳时，才着急得流泪！

红烛啊！

流罢！你怎能不流呢？
请将你的脂膏，不息地流向人间，
培出慰藉的花儿，结成快乐的果子！

红烛啊！
你流一滴泪，灰一分心。
灰心流泪你的果，创造光明你的因。

红烛啊！
"莫问收获，但问耕耘。"

  这首诗是闻一多先生1923年在美国留学期间创作的，他准备出版自己的第一部诗集，将它作为同名诗集《红烛》的序诗。

  所以这首诗既是他青春的告白，亦是他理想探索历程的回忆。他拿红烛自喻，道出从迷茫走向坚定，为责任担当默默奉献，为理想坚毅探索苦苦追寻，不计结果，只问耕耘的心路历程。表达出青年赤子对祖国前途的执着追求和献身于祖国的伟大抱负。

  他也曾如红烛一样"矛盾，冲突"，到后来"不误，不误"越来越坚定。他曾有几次义愤：抗日战争时期对国民党专制腐败的义愤；抗战胜利后，对国民党发动全面内战义愤；1946年7月15日李公朴追悼会，因特务的罪行而义愤。当日在回来的路上，临近家门口被特务杀害，闻一多先生中了十多枪，倒在了血泊之中，结束了短暂的一生。

  这位文学大师不是没有料到自己身处险境，随时都有生命危险，甚至他还有一次逃离险境的机会，但是他却毅然放弃。1946年，美国加州大学想请一位教中国古文学的教师，校长梅贻琦觉得闻一多是最合适的人选。所以就与闻先生谈论此事，但是闻先生考虑到中国的现状，他认为应该斗争到底，所以就回绝了梅校长。

我觉得"莫问收获，但问耕耘"，是他一生伟大人格的写照。

从闻先生身上，我们学到的是为理想奋斗的精神，是濒临险境为正义而呐喊的勇气，是为民族独立而奔走的执着。

花开，让人艳羡，但是我们期待的是培育花朵的过程。树茂，让人欣喜，但我们在意的是参天背后丰富养料的积淀。看到花开树茂固然欣慰，但是为花开树茂所做的努力更值得赞美。

抛砖引玉，小小启迪

今天我们以两首诗歌接触了两位友人，一位是出生于1893年的毛泽东，一位是出生于1899年的闻一多，他们与我们这些2000年后出生的小朋友距离一个多世纪。百年沧海桑田，百年风云变幻。"盖将自其变者而观之，则天地曾不能于一瞬"。自其不变者而观之，心系祖国的血脉相连，炽热爱国的基因未变，优秀的奋斗精神未减，人生的哲理常现。

同学们，新学年启程，我们或许可以做"主沉浮"的英雄，或许可以做"但问耕耘"的红烛。英雄抑或红烛，都是追梦者，既要仰望星空又要脚踏实地，尽心力，尽体力，踏石有印，抓铁有痕。有理想，但不幻想；有目标，但不急于求成。

求学之旅，如同沿岸行走。有潺潺水声相伴，有啾啾鸟鸣相悦，但偶有荆棘羁绊，泥淖阻拦，关键是我们目标的聚焦点是什么。聚焦真的、善的、美的，正能量爆满；聚焦假的、恶的、丑的，负能量爆棚。境由心造，心态好，心境好，格局高。

初心不改，珍惜过程，相信水滴石穿，绳锯木断；相信瓜熟蒂落，水到渠成。过程与结果自然相融，和谐共生。

学中激励

期中考试过后，你的心灯"点"亮了吗？

期中考试过后，每个孩子都会拿到自己的成绩，有的看到高兴，有的看到伤心，还有的看不出有啥表情。高兴的多是对结果比较满意，伤心的多是觉得自己考得还不够理想，没表情的心里是怎么想的，恐怕得让人琢磨琢磨。是成熟后的冷静与反思；还是考试过后的麻木综合征，破罐子破摔无所谓；抑或是……。不管哪种情况，我都想告诉你，让自己的眼睛"亮"起来。眼亮源于心亮，给自己"点"一盏心灯，让光进来，驱走黑暗中的影子，驱散心里的阴霾，让内心充盈明亮。

· 1 ·

如果你不够努力，学学这群小鸭子。

稚嫩的小鸭子由妈妈带着要走过几个台阶，妈妈在前面走，小鸭子在后面跟，妈妈走过台阶，站到了平台上看着小鸭子。

小鸭子太小了，不过台阶的一半高，但是就是这些小鸭子，跳一次，摔倒一次。从这边上不去，又跑那边去尝试；那边尝试不成，又跑到这边来尝试。终于，一个台阶，两个台阶，三个台阶；一只，两只，三只，……所有鸭子都登上了平台，由鸭妈妈带着奔向下一个目标。

这个故事告诉我们，心灯是由目标点亮的，目标源于别人的引领，但一定是自己内心的追求；心灯是由自己点亮的，失败只是暂时，只要坚持，努力就不会白费；心灯是在榜样中点亮的，榜样带来巨大的力量，要树立自己的榜样。

· 2 ·

如果你在努力中比较茫然，学学山田本一。

山田本一是日本著名的马拉松运动员。他曾在1984年和1987年的国际马拉松比赛中，两次夺得世界冠军。当记者采访他时，他总是回答："凭智慧战胜对手！"许多人觉得他是在故弄玄虚。10年之后，这个谜底在他自传中终于被揭开。每次比赛之前，他都要乘车把比赛的路线仔细地看一遍，并把沿途比较醒目的标志画下来，第一标志，第二标志，第三标志……一直画到赛程的结束。比赛开始后，就以百米的速度奋力地向第一个目标冲去，又以同样的速度向第二个目标冲去，以此类推。

目标的分解让他跑得轻松，而不是疲惫不堪；让他持续发力，而不是被那段遥远的路吓到。

这个故事告诉我们，"点"亮心灯要有让灯持续亮的精神动力，一旦目标确定，就要想办法让自己拥有强大的执行力。那就是将你的目标分解成一个个力所能及的小目标，集中精力聚焦每个小目标的实现，这样就会带来巨大的心理激励，从而使大目标的完成显得轻而易举。

· 3 ·

如果你的习惯不好，希望能从下面试金石的故事中得到启发。

这个故事要追溯到亚历山大图书馆被火烧毁，有一本书在大火中幸存了下来。一个穷人买下了这本书，发现了试金石的秘密：试金石通常与普通的鹅卵石混杂在一起，从外表看几乎区别不出来，辨别的秘诀是握在手里，试金石是暖的，而普通鹅卵石是冷。

这个穷人知道这一消息后变卖了一些家产，购买了一些基本的生活必需品，在海边安营扎寨，开始寻找试金石。为了快速找到试金石，避免重复拣起同一块石头，只要拣起一块鹅卵石，摸到是冷的，就扔进大海。这样的动作他持续一天，一周，一月，几个月，……。终有一天，他拾起了一块暖的鹅卵石，但却习惯性地用力把它抛进了大海，等他意识到这就是那块试金石时，为时过晚。

这个故事告诉我们，习惯成自然，坏的习惯与好的习惯都是如此。因此，让我们从养成好的习惯做起，好的习惯才会让你的心灯亮起，带来希望与欣喜。养成良好的生活习惯、学习习惯，按时作息，正确使用电子产品，养成好的记忆习惯、阅读习惯、制定计划的习惯、完成作业的习惯、整理错题的习惯，养成良好的独立思考习惯。让好习惯伴随我们一生，使我们受益无穷。

学习要不骄不躁，不急不火。确定目标，树立榜样；分解目标，持续发力；养成良好习惯，认真执行落实。这样，你就会不断挑战自己，优化自己，完善自己。

期中过后，你的心灯"点"亮了吗？

期末了,不要让"虚荣"掩盖了"自尊"

——真实地对待自我

小伙伴,期末考试了,你有过打小抄的念头吗?

小时候,我有过,但是没有落实到行动上,因为我有那心没有那胆,老师不让打小抄。

长大了,虽然经历了数不清的考试,但也从没打过小抄。因为我觉得除了虚荣心,还有自尊心,我的实力可以为自信心加分,而虚荣心却让我的自尊心大打折扣。

工作了,我明白人生处处是考场的内涵。人生中有无数个起点和终点,从每个起点走向终点的过程,都是一次走进考场的考验。这个考验可以让你进行艰难的选择,可以让你拿实力说话;可以积累经验,也可汲取教训;既可丰富你的阅历,又可滋养你的心灵。如果总是怀有不守规则,不择手段的侥幸心理,你肯定被考验的栏杆拦截,此事就此搁浅。没有磨砺的机会,没有挫折中的成长,亦没有获得成功的喜悦。

所以,很庆幸,自己没打过小抄。

打小抄,是对自己的不尊重,也是对他人的不尊重,是对公平天平的乱加码。

打小抄,是"偷窃"行为,是违规操作,甚至会触犯法律。这样的作弊,高考中会取消成绩,被记录到诚信档案,是自己履历中的污点,谁愿意背着这样一个污点度过一生呢?

子曰:"人而无信,不知其可也。大车无輗,小车无軏,其何以行之哉?"

诚信,是我们做人的名片,是立身处世的根本,是行之远的伴侣。不诚信,是对良知的背叛,是对自己道德底线的践踏。面对考试,请诚信。这不仅是有态度解剖自己的真实,还是有底气亮剑的自信。

鲁迅先生说,"必须敢于正视,这才可望敢想、敢说、敢做、敢当。"

考试了,敢于正视自己的勇气都没有,何谈敢想、敢说、敢做、敢当呢?

正视自己,才能继续奋斗,不断超越。十一连胜夺取世界杯冠军的中国女排,就是我们学习的精神标杆。担当使命,才能成功,在人类历史上第一次登陆月球背面的嫦娥四号就给我们带来思考:他们中哪一个不是敢于正视自己者?哪一个不是新时代奋斗者?哪一个不是彰显中国风采与力量的追求者。

当中华民族伟大复兴的使命落在我们肩上时,当中华民族伟大复兴的接力棒传递到我们手上时,大声说:"我们敢于正视,敢想、敢说、敢做、敢当。""用汗水浇灌收获,以实干笃定前行",这才是我们的人生信条。

学期末,让我们有心如止水的心态,有志存高远的情怀,有敢于亮剑的勇气,交上写满真实,道尽诚信的答卷吧。

高考叮咛

写给逐梦路上的青年学子

——于高考百日之际

春天已经梳妆完毕,准备好了随时启程!

可是作为等待者,探不到春的消息,寻不到春的影子,或许焦急,或许寂寞,总感觉冬与春之间是一段青黄不接的日子。

其实不然,我总把这"青黄不接"看作是大自然艺术的留白。冬天将去,春天还会远吗?明知春要到来,为何不在这留白的时间与空间里用我们的画笔为这独守的寂寞添上色彩,静静描绘着春的到来。

或许有一天,第一缕阳光唤醒沉睡的冰河;或许有一天,第一缕春风染绿满城的杨柳;或许有一天,第一声鸟鸣引来百鸟啁啾的交响。对,这就是送远寒冬,迎来春天的使者。

欣欣然,充满活力,充满期待!期待着春暖花开,夏季灿烂!

夏季高考离我们还有100天,在这100天我们将怎样度过?

心如止水,笑对成败

在五彩缤纷的生活中,我们总希望万事如意,百事遂心;在追求学业中,我们常幻想一帆风顺,心想事成。然而,我们所面对的世界总是既有晴天丽日,鲜花芳草;也有狂风暴雨,荆棘泥淖。人生舞台,胜利者屡见不鲜,失败者也不乏其人。所以,我们要以博大的胸怀和坦然的态度对待人生旅途上的喜怒哀乐,不受外界因素的左右,力争做到"胜不骄,败不馁",成功的时候,不被胜利冲昏头脑,保持应有的清醒；失败的时候，牢记"失败是成功之母"，不消极，不悲观，不懈努力，奋发图强，以平和的心态面对高考。

自强不息，拼搏进取

马克思曾经说过："在科学中没有平坦的大道，只有不畏劳苦，沿着陡峭山路攀登的人，才有希望到达光辉的顶点。"自强不息使人成就功业，庸散懒惰叫人一事无成，如果我们能够"日参省乎己"，从每次模考中总结自己成功的经验和失败的教训，毫不懈怠，拼搏进取，现实与理想的距离就会越来越短。

磨炼意志，接受考验

回顾自己的求学生涯，这100天，弹指一挥间。当然，这100天也是人生旅途上的一个转折点，接受锻炼与磨砺，接受检验与挑选。所以，我们不逃避，不观望，不等待，"沧海横流，方显英雄本色；大浪淘沙，才见真金年华"。

在挑战面前，做一只高翔的雄鹰，无畏的海燕，纵使前面关山千重任重道远，我们也有奋飞的勇气，搏击的力量，满怀信心地迎接未来的一天。

走在逐梦路上的高考学子，最后100天，会在我们的行走中流逝，会在我们的笔尖上消失。嘀嗒嘀嗒，不知不觉，由远及近，又由近及远，转瞬即逝。

多想让它放慢脚步，停驻一会儿，等等我们！但它似乎很无情，不顾我们亲切地招呼照样嘀嗒着前行；但它似乎又很公正，不管你是谁，它只眷顾勤奋者，坚持者，努力者，奋斗者。

你对它珍惜，对它负责，它就青睐你，眷顾你！让你像春之花儿灿烂，夏之树浓郁。

敲黑板，莘莘学子加油站就在这里

——高考还有 46 天，马老师在这里为你加油

坚持才是硬道理

水滴石穿，绳锯木断，不看到穿石，不看到断木，可能不会相信坚持的功效。但请你相信坚持的力量，只有坚持一点点，才能进步一点点。唯有坚持，才会带来不一样的自己！

梳理与反思才是制胜的法宝

高考临近，时间紧迫，切忌在题海遨游，要认真梳理，勤于反思，会在作业中拔高，会在反思中提升，会在比较中清晰，会在自主复习中超越、完善。

思维路径决定着高考的分数

临近高考，识记能力很重要，多识记一些内容终归是好事，但是高考考查的核心能力是我们的思维，思维能力一决高下。越到冲刺阶段，越要有意识训练自己的思维能力，思维路径决定着你高考的分数。首先从审题训练自己的思维路径开始，抓住关键词分析挖掘，抓住表面意思探求深层含义，抓住显性信息挖掘隐性信息，慢慢打开思路，打通知识储备与试题之间的通道，巧妙链接。将自己做的答案与参考答案进行比较、辨析，找到思维流程的差异，不断完善，提升自己的思维品质。

错题的整理在于准确归因

每个同学都有错题本，对错题的整理，在于准确的归因，对同类问题进行归纳，找到需要解决的问题，继而列出问题清单。这就好比

走路在交叉路口先明确方向一样，方向明确，才不至于南辕北辙。问题找得准，才不至于花掉时间却没有效果。

计划在于制定与执行

问题清单列出，就要寻求解决的路径。解决路径一在计划制定，二在计划执行。制定突破瓶颈的计划，有时候需要老师或同学的帮助，千万不要忘掉借助外力。执行力强是超越自我必备的能力，想得好，还要做得好，如果做不到再好的计划就是一纸空文。

让自己与集体同进步

高三学子，处于竞争氛围特别浓的集体，有时候竞争会让自己产生羡慕嫉妒，有时还会有点儿"小家子气"。这种心态不利于参加高考，将"大气的自己"融入集体，带动集体进步或与集体同进步，将我们的正能量传递给他人或影响他人。

不跟别人比，只和自己比

跟别人比，容易让自己心慌，乱了阵脚。与自己比，能够促使自己反思，更准确地认识自己，清楚自己的不足，想尽办法弥补。这样就便于每天完善自己，超越自己，让明天的你好于今天的你。

学会等待，在等待中坚守

等待伴随我们一生，在等待中有焦急，有孤独，有沉寂，也有惊喜。不管等待的时间长还是短，不管是路途远还是近，不管最后结果是好还是坏，都要静下心来，积蓄能量，调整心态。坚守自己的理想驻足期盼，相信一切都会有最好的安排。

聊聊语文高考那点事

高考倒计时，距离高考还有 11 天之际，马老师与你聊聊语文高考那些事。

多文本阅读注意啥？

1. 题干与备选答案的对应意识。

2. 备选答案与原文的对应比照意识。

3. 多文本之间的关联意识。

4. 审题意识、锁定阅读区间的意识、筛选意识与转化意识。

5. 侧重不同信息及事实的比较分析与综合。

诗歌阅读注意啥？

1. 从语文知识方面读懂诗，结合选项做出判断。

2. 关照多种信息，把握作者情感，从表现手法、思想情感方面读懂诗。

3. 尊重客观语料，合理推断逻辑性，贴着文本语言做出判断。

4. 比较异同，先答同，再答异，结合文本分析，不要想当然，侧重写法及情感的比较分析与综合。

文言文阅读注意啥？

1. 文言文阅读重在读懂，整体阅读未必字字落实，遇到障碍点暂且圈出，不影响答题暂且跨越；涉及答题区间结合语境反复思索，力求读懂。

2. 实词要有联系语境推断能力。

3. 翻译抓住关键点突破，上下语境思考。

4. 侧重看法及写法的比较分析与综合。

5. 分析综合鉴赏评价的选择题建议边读文边读选项，互为印证。

文学类文本阅读注意啥？

1. 从题目入手，理清文脉，读懂文章。

2. 明白指令，理解问题的重心，理清答题思路。

3. 概括题锁定阅读区间，筛选整合与转化。

4. 结合全文回答的题要注意在理清文脉基础上的板块意识与关联意识。

5. 赏析句子题一定明白句子的表达内容是什么，可以从表达方式、修辞手法、表现手法上、结构作用、文章主旨等方面进行赏析。

6. 侧重作品意蕴、形象及意图的比较分析与综合。

微写作注意啥？

1. 审题是关键。

2. 转化平时训练的内容，而不是抄袭套用。

3. 议论抓住"靶心"。

4. 描写细致生动。

5. 抒情真挚动情。

6. 分清人称运用。

大作文注意啥？

1. 审题分析是关键：筛选信息，抓关键词；逐句分析，善写批注。

2. 整体感知，建构联系；联想想象，形成类比或对比。

3. 把握命题人的情感倾向。

4. 议论文要注意关键词语的勾连，形成有效的价值判断。

5. 记叙文的故事设计是建立在认真解题之上突出重点的设计，根据设计突出重点细致描写，叙述清晰。

6. 进行亮点设计：拟题、开篇有亮点；

作文思路清晰有亮点；

作文论述有力有亮点或故事设计有亮点；

作文思想深刻有亮点；

辩证思维或故事中的画龙点睛有亮点；

作文有我有情怀是最大的亮点。

语文备考注意啥？

1. 识记是语文备考的"土壤"。

2. 理解是语文备考的"根基"，从圈点勾画关键语句入手读懂文本。

3. 审好题是解题的钥匙，审题要理解分析。

4. 语文解题要规范，思路要清晰，要有分点意识、先概括后具体意识。

5. 准确转化贵在关键词句理解之后的巧妙勾连。

6. 区分分析与概括，分析题要自圆其说。

7. 书面语言是为文的基础。

8. 作文贵在打开思路，起笔"入境"。

整个考试注意啥？

考前：

1. 状态要优，静心，入境。

2. 提醒书写规范，要点清晰。

3. 有时间观念，增强时间分配意识。

考前5分钟：

4. 浏览试卷，胸有成竹。

5. 看看作文，潜意识思考。

6. 写（填、涂）好考试相关信息。

7. 强化用稿纸的意识。

考中：

8. 分成三个时间段操作。

9. 圈点勾画便于筛选、理解。

10. 审题要细，要慢，明白指令；答题要快，问答相扣，答问相连。

11. 尽可能答完，不空着；实在没有办法，学会取舍。

考试结束前 5 分钟：

12. 检查填涂情况。

明天高考了，你今天在做什么？

—— 跟马老师读几个故事

明天就要进入考场了。今天你在做什么？适当模拟？准备用具？调整心态？听听音乐？听听新闻？散散步？

做这些都没问题。

再跟马老师轻轻松松读几个故事。

1. 有压力才 OK

这个南瓜的实验，你听说过吗？

这项实验用很多铁圈将一个小南瓜整个箍住，来观察当南瓜逐渐长大时对这个铁圈产生压力有多大。实验员预估这个小南瓜承受的压力是五百磅。

实验开始了，第一个月，南瓜承受了五百磅的压力；第二个月，南瓜承受一千五百磅的压力，当它承受到两千磅的压力时，研究人员对铁圈进行加固，以免将铁圈撑开。研究结束时，整个南瓜承受的压力超过五千磅，最后瓜皮破裂。

实验人员打开南瓜时发现，这个"大"南瓜已无法食用，它的中间充满坚韧牢固的层层纤维，试图突破包围它的铁圈。为了吸收养分，突破限制，它所有的根往不同的方向全方位的伸展，这个南瓜的根独自地控制了整个花园的土壤与资源。

看来，有压力是好事儿，适度压力带来的效果是令人惊奇的！我们很难想象，一个小南瓜居然有这么大的抗压能力，是预期的十倍。所以，淡化你的压力，不要总觉得自己压力过大。感谢压力，有压力才有动力。没有外界的压力，永远不知道南瓜的抗压力有多大；没有高考的压力，永远不知道自己的抗高考压力有多强。

纪伯伦曾说：除了通过黑暗，我们无法到达黎明。因为，通向黎明的路途注定有一段黑暗之旅，就像动力的爆发之源，必定是有足够的压力一样。所以，不要在意你有压力，有压力是太正常的。只要调整好心态，坦然面对，压力不仅不会压垮你，而且会让你有长足进步，收获意想不到的惊喜。

2. 做最有价值的事儿就 OK

一次，法国的一家报纸进行有奖智力竞赛，设置了这样一个题目：如果法国最大的博物馆罗浮宫失火了，情况只允许抢救出一幅画，你会抢哪一幅？

该报收到的答案，丰富多彩，有的说救《蒙娜伊莎》，有的说救《向日葵》……，五花八门的答案，有人认为选最有价值的那幅，有人认为选自己最喜欢的那幅。法国著名作家贝尔纳认为，应选离出口最近的那幅。

高考像这道智力竞赛题，看谁在有限时间内行为有效。"救画"，不是救最有价值的，而是救能够救出的那一幅。高考也是如此，我们是在和时间博弈，一定要有时间意识，做时间允许下最有价值的事儿，一直到考试结束为止。所以，时间紧迫时，不要去冒险，做自己力所能及的事就是最明智的选择。

3. 抓住关键就 OK

"丝瓜藤，肉豆须，分不清"，这句谚语的意思是说丝瓜的藤蔓与肉豆的藤须一旦纠缠在一起，是很难分开的。

有个小孩想分辨两者的不同，结果把自家庭院里丝瓜肉豆的那些纠结错综的茎叶都扯断了。父亲看了好笑，就说："种它们是用来吃的，不是用来分辨的呀！你只要照顾他们长大，摘下瓜和豆来吃就好了。"

其实我们考试何不如此呢？在我们阅读、审题时要抓住关键，在关键信息上多思考，不要节外生枝，分散注意力。比如阅读古文，有些细节部分没读懂也没关系，只要不影响作答，没必要让自己耗费时间纠结。关键是读懂重要信息，明白命题人的命题意图，就像故事中父亲说的"种它们是用来吃的，不是用来分辨的"。清楚命题人的意图，就有捷径可走，达到事半功倍的效果啊！

4. 有转化意识就 OK

我们在清代彭端淑《为学》中涉及的两个和尚的故事，应该都熟悉。一个穷和尚，对一个富和尚说："我想去南海，怎么样？"富和尚说："您靠什么去呢？"穷和尚说："我靠着一个水瓶一个饭钵就足够了。"富和尚说："我几年来想雇船而往下游走，还没有能够去成。您靠什么能去！"可是到了第二年，当穷和尚从南海回来时，富和尚现出惭愧神色。

这个故事在《为学》中强调的是"难与易"的转化，其实也为我们高考带来启迪，高考中一定要增强转化意识。

怎么转化？

举个例子，语文的备考不仅是你在语文学科上的备考，也是在所有学科上的备考。答题时要注意调动多学科素养积淀，合理建构题目与储备知识、能力之间的联系，打开思维的有效通道，积极转化，转化为语文学科所用的信息与语言。

我们常常希望老师能给我们押住高考题，尤其是作文。这往往是我们的愿望，也是我们的奢求。一旦看到题目，好像都没复习到时，就心慌，这就大可不必。我们见过的题目，我们做过的题目；我们读过的文章，我们写过的文章；我们开展的阅读，我们的阅读感受等等，都有可能与试题有关联。关键是我们要认真读题，认真审题，通过分析打开思维通道，通过联想实现高效链接。唯其如此，才能达到有效转化。

高考是一个巨大的精神磁场，只有置身其中，才能爆发精神宇宙，激发无穷的力量。"没有谁知道春风的颜色，只有当它吹遍了山川和原野。"

马老师希望你静心，踏心，专心，有耐心，有决心，有信心，迎接挑战！

做学生精神的守望者

——为攀登守望，为挑战喝彩！

如果把高三备考这一年看作一个圆，那么在这一年是以学生"成长"为圆心，以学生"素养"为半径，以上一年高考为起点，以下一年高考为终点，带领学生画了一个"圆"。

如果把高三备考这一年看作登一座山，那么在这一年我是站在上一年高考的山脚，沿着崎岖山路，带着学生，向下一年高考的山顶登攀。如果是画圆，圆周运动中每个汇集的点都不可小觑；如果是登山，每个阶段性目标都无比关键。站在起点看终点，站在山脚看山巅，我们认知不可缺。

所以，从高三一开始就引导学生对高考正确认知，探求高三学习的"三种境界"："分数"的境界——"素养"的境界——"成长"的境界。尽管"分数"的境界带有功利化，但外显的"分数"毕竟是高等学府的通行证，高三学习很难去除这种功利化境界。不过光有追求"分数"的境界是很难获得"理想"的分数的，为什么这样说呢？就像有的老师、有的学生所说，高考就是"攒人品"。"人品"是什么？是我们的"德行"，是立足社会之本，是当前倡导双核心素养的"道德素养"，是渗透于学科素养中的"立德树人"。因此，高考就自然而然地拥有了第二种境界——"素养"的境界，第三种境界——"成长"的境界。这两种境界是在培养适合未来发展的社会人，是在培养有思想，会思考，有信仰，有追求的精神灿烂者。逆推回来，如果我们不把着眼点放在分数，不放在功利化的结果；而是放在成长，放在有价值的过程上，打好学生成长的底座，积淀学生丰厚的素养，高考成绩也不可能差，这就是我们常说的不为成绩而赢得成绩。

因为孩子不是学习的机器，不是考试的机器，不是分数单，不是录取通知书，而是一个精神的宇宙！福禄贝尔曾说教师的使命与其说是把知识注入到人心灵内部，毋宁说把更多的东西从心灵内部爆发出来。

如何让学生的精神宇宙爆发，在于做圆周运动或登攀目标的精神激励。下面是马老师的"只言片语"，希望对逐梦的莘莘学子带来激励。

·1·

"高三一年，会有低谷有高潮，懂得在低谷时期潜伏，沉淀，调整；懂得在高潮时期的静心，反思，超越！成长需要拥有梦想，更需要追逐梦想的勇气与执着。强大的自控力，坚忍的意志品质，不折不扣的执行力，感恩担当的情怀都会为你走向高考助一臂之力！让我们开心成长，踏实成长，以感恩担当为圆心，以勤奋汗水为半径，画一个同心圆。"

·2·

"锻炼锻炼身体，梳理梳理情绪，调整调整心态，整理整理知识，修补修补漏洞，找找自我优势，静下心来思考思考。青春无言，或许有声；青春无味，或许有色。在这有声有色的日子我们做的或许不是最有趣的事情，但一定是有意义的事情；或许不是特有兴致的事情，但一定是目前最有价值的事情。青春的脚步张中有驰，缓中有悠，不管你的步履是急促还是舒缓，马老师相信急有急的节奏，缓有缓的韵律，在急缓之间找好平衡，品味过程！"

· 3 ·

"通向高考的每一次阶段性考试既可看作一个阶段性目标的达成，又可看作一次自我的挑战与磨砺。它如同旅途中的驿站，疲惫劳顿之后调整一番；如同高速公路上的加油站，极速前行之后补充能量；如同生活中的一道道门，关闭意味着结束，打开意味着开始。每天起来都是崭新的一天，不管昨天是晴天丽日，还是狂风暴雨，不管今天是一帆风顺，还是艰难坎坷，都需要调整心态，努力前行。时刻牢记静心才能入境，反思才能提高，沉淀才能蓄势待发！"

· 4 ·

"人生之河有急有缓，人生之路有平有险，在遇到'急'或'险'时我们思想集中，精力集中，专注度高，平安顺利通过所谓的'险境'。当走过'急'或'险'，面对'缓'或'平'，我们可能放松了警惕，精力分散，心理释然，却没料到'阴沟翻船''平坦路上栽跟头'。其实，学习之路亦是如此。在路上，我们既要有挑战自我的勇气，克服困难的毅力，又要有时时反思的习惯，寻求突破一个目标之后完成下一个目标的精神动力。这样，你就会时时遇到一个充满活力，精神四溢，永不止步，奋斗不息的自己！"

逐梦路上的学子，你的奋斗之路并不孤单，总有关心你的人默默祝福，静静期待，为你的攀登守望，为你的挑战喝彩！

能力驿站——识记能力

"背"得科学，"记"得长久

—— 爱上背诵，语文不用担忧

所以，今天我们专门聊聊语文中的背诵。

为什么要背诵？

"语言建构与运用"是语文学科四大核心素养之一。《普通高中语文课程标准（2017年版）》指出："积累较为丰富的语言材料和言语活动经验，形成良好的语感。在已经积累的语言材料间建立起有机的联系，在探究中理解、掌握运用祖国语言的基本规律。"语言建构离不开语言积累，语言积累离不开识记。而识记能力又是高考考查的识记、理解、分析综合、鉴赏评价、表达应用和探究六种能力之首，是最基本的能力，要求考生能识别和记忆语文基础知识、文化常识和名句名篇等。而背诵就是训练识记能力的有效途径。

背诵的魅力还不止于此，通过背诵还可以发展我们的思维，提高我们的审美，增强文化的自信，让我们在积累语言中学会写作。《人民日报》原副总编梁衡说"背书是写作的基本功"。

怎么背诵？

1. 背诵要有计划

背诵要消除畏难情绪，有背诵计划，根据自己的识记能力预估背诵的时间。确定时间后，严格管理时间，发挥自己的主观能动性。背诵短文，最好一气呵成。背诵长文，可以将目标分解，逐一完成，这样就化难为易，化整为零。

背诵要有步骤

诵读是背的前提，要读准字音，高声朗读。朗诵是背书的基础，只有吟诵，才能把握抑扬顿挫的音美，感于目。"书读百遍，其义自见"，只有不厌其烦地读才能理解内涵丰富的意美，感于心。诵读要读准字音，这样才能建构音形义之间的关系。

理解是背的基础，要疏通文义。脑科学研究表明，儿童在6岁就要慢慢完成右脑认知模式，并向左脑认知模式转化，在13岁左右基本完成左脑认知模式。左脑思维擅长理解力与逻辑推理，右脑擅长形象、直观的心智活动。小时候我们的记忆多是诵读记忆，也可以说是感性记忆，是右脑认知模式。随着年龄的增加，理解力增强，记忆多是理解的记忆，理性的记忆，多是左脑认知模式。先理解后记忆，对中学生比较适合，尤其背诵古诗文，要理解字词句的意思，会解词，会译句，背诵起来才会更容易。

分析是背的关键，要理清行文顺序。分析课文，明白文章先写了什么，后写了什么；按什么顺序写的；为什么按照这样的顺序写。比如《六国论》，第一段提出中心论点，"六国破灭，非兵不利，战不善，弊在赂秦"，然后列出两个分论点"赂秦而力亏""不赂者以赂者丧"；二、三段分别承这两个分论点展开；四段是对二、三段的进一步论证，得出"为国者无使为积威之所劫哉"的结论；第五段点名主旨，意在讽喻北宋毋从六国破亡之故事。这样的逐段分析，关联式分析，会有利于我们背诵。

背诵要讲方法

1. 动笔抄诵法。当我们怎么背诵都感到很困难时，可以尝试边抄写边诵读的办法，这个方法虽然是个慢工夫，但是却很见效。"读一遍胜过看十遍，抄一遍胜过读十遍"，就是这个道理。

2. 情景再现法。创设具体情境，在背诵中，根据关键信息，展开联想和想象，富有画面呈现或情境式再现地熟读、理解和记忆，是非常好的背诵方法。尤其是对优美的诗歌、散文或者富有故事情景的记叙文章或片段，背诵起来效果颇佳。

3. 按图索骥法。按图索骥是按照一定的线索做事情，背诵也如此，是有"线"可循，依"图"串联的。这里的"图"可以是列的提纲，可以是按先后顺序列出的关键信息，可以是我们梳理的思维导图。有这些形象、直观的"图"的引领，背诵就会踏上坦途。

4. 经典传唱法。五千年文化，三千年诗韵，我们的文化从未断流。《经典咏流传》这一档节目播出以来，给我们背诵、传承文化打开了一扇窗。上周与一个同学交流背诵，她把杜牧的《阿房宫赋》从头至尾唱给我听，令我惊羡。这种能激发学生兴趣、富有美感的乐曲、有新意的传唱将我们的背诵带入美妙的境地。

5. 默写反馈法。当我们背诵流利了，还不能就此收关。把背诵的内容默写一遍，之后自己翻开书去订正，勾勒出自己背得不准或书写错误的地方，强化记忆。这样，背诵的内容才算告一段落。

6. 巩固复习法。背诵过的内容随着时间的流逝会忘记，这是遗忘的自然规律。只要明白这一点，我们就可以从容应对。你可以按照"1247"复习法，进行长时间的记忆。对于背诵的内容，第一天背会之后，第二天要及时巩固，第四天再进行温习，第七天再进行检测。经过这样一个巩固过程，我们就不用担心我们的记忆只是临时记忆了。

南怀瑾老先生说："人类原始的教育方法，只有一个，就是背诵。"背诵自古承之，是提高识记能力的有效途径，是语言积累到语言运用的特色桥梁，是学习语文、学习语言的最好方法。

爱上背诵，"背"得科学，"记"得长久，语文不用担忧！

概括能力

用四字词语"练"概括能力

在普通高中教科书语文必修下册第一单元,《四子侍坐》《烛之武退秦师》《鸿门宴》等篇目刻画了很多人物形象,给我们留下了深刻的印象。在与文本对话交流中,我们可以用四字词语(含成语)来概括,将人物生动传神的特点一一凸显出来。

先了解什么是概括

在高考语文《考试大纲》中并没有关于"概括"的明确表述,只有与之相关的内容要求,那就是分析综合。分析综合是指分解剖析和归纳整合,是在识记和理解的基础上进一步提高了的能力层级。要求能够筛选材料中的信息,分解剖析相关现象和问题,并予以归纳整合。这里的"归纳整合"就是概括。

再明白为什么非用四字词语概括

四字词语是由四个字组成的常用词,包括成语和非成语,也叫固定词组或自由词组,是汉语中常见的一种语言现象。

用它来概括,不仅凝练语言,还可以起到积累词汇,运用词汇的作用。更让同学们引起关注的是,在考试阅读中也能应对自如。

小说阅读《斜眼》中有一道题,"请结合教授的言行举止,概括其形象"。此题直接考查了人物形象概括,它的参考答案如下:①仁慈宽厚,善良单纯;②医术精湛,敬业乐业;③关心患者,医者仁心。

这道题虽然没有明确用四字词语来回答，但参考答案给我们带来启迪，用四字词语概括真的是言简义丰。

最后搞清楚对于人物形象应该怎么概括

概括与分析密不可分，它与分析是思维过程中的两个阶段。为了更好地概括人物形象，我们可以有以下思维路径。

人物与事件联系，由事分析，由表及里。比如在《烛之武退秦师》中烛之武在大兵压境的情形下潜入秦国成功说服秦伯退兵，可以看出他果敢担当、有勇有谋，能言善辩。秦伯由"围郑"到"与郑人盟"，可见他利益为重，亦敌亦友，变化莫测。

人物与语言联系，分析语言内容，言为心声。比如烛之武在郑伯见他后，他说"臣之壮也，犹不如人；今老矣，无能为也矣"。这句话体现他怀才不遇，心有埋怨。可是在这种情况下，他能答应郑伯深入虎狼之秦，表明他国家至上，大局为重，肩负使命。再比如《四子侍坐》，通过对四子讲话内容的分析，可以看出子路的自信满满、咄咄逼人、雄心博大，冉有、公西华的谦逊礼让以及曾皙的洒脱淡定。

人物与行为神态的细节描写联系，顺藤摸瓜。子路率而尔对曰。一个"率"字，写出子路的不假思索、不够谦逊，也写出了他的胸无城府、率真坦荡。刘邦面对张良询问"料大王足以当项王乎"的"默然"，表现他有自知之明，客观冷静，"为之奈何"表现他谦虚求教，洗耳恭听，察纳雅言。项羽对范增"数目项王，举所佩玉玦以示之者三"，却"默然不应"，表现他优柔寡断，轻视敌人，以至错失良机。

当然，概括人物形象以上方法可以综合运用。比如学习《四子侍坐》，通过分析孔子言行，揣摩细节，孔子和蔼可亲、平易近人、循循善诱、因材施教、师生平等、反对战争、向往和平，追求幸福的形象就可以清晰勾勒。学习《鸿门宴》，通过语言、神态行为及其细节分析，刘邦的老谋深算、委曲求全、攀龙附凤、能屈能伸、机智敏捷、坚决果断活脱脱表现出来。项羽的寡谋轻信，自矜功伐，不可一世，不善用人的形象也就自然呈现。

　　用四字词语"练"人物形象的概括，只不过是学习语文过程中设计的语文活动。这一活动能调动我们的语言积累，提升语言运用能力。能让我们在与文本的对话中发展思维，通过理解、分析与概括形成富有个性的审美判断与评价。

理解与分析能力

水中望月,也要望得真切
——谈谈读懂诗歌

雾里看花,水中望月,突出的是事物的朦胧美。今天,我说的水中望月,是就诗歌而言,读诗,总有一种雾里看花,水中望月之感,虽感觉美,但看不真切,读不透彻。我们与作者的时代距离久远,即便是同一时代,不同的个体处于不同的情境,思维各异,情感不同,要想体会作者的情,明白作者的志,是有困难的,但如果我们静下心来,借助思维的外化语言去品,去悟,读出诗歌的起承转合,读出诗人的情感变化,明白虚与实关系,就可以拉近"我"与"诗人"的距离,找到"我"与诗人的共情点。

一、读懂诗,去除浮躁与急功近利心态

看下面学科竞赛中杜甫的一首小诗:

赠卫八处士

杜甫

人生不相见,动如参与商。
今夕复何夕,共此灯烛光。
少壮能几时,鬓发各已苍。
访旧半为鬼,惊呼热中肠。

焉知二十载，重上君子堂。
昔别君未婚，儿女忽成行。
怡然敬父执，问我来何方。
问答未及已，儿女罗酒浆。
夜雨剪春韭，新炊间黄粱。
主称会面难，一举累十觞。
十觞亦不醉，感子故意长。
明日隔山岳，世事两茫茫。

有的同学一看这诗，挺长，像读小说一样匆匆读一遍，囫囵吞枣，理解只言片语；又急功近利，忙于作答，结果答不对题，隔靴搔痒。

不能静心阅读，急功近利本身就是作答的大忌，没搞清诗歌的来龙去脉，就容易断章取义。比如有同学读到"少壮能几时，鬓发各已苍"，就联想到"少壮不努力，老大徒伤悲"。误理解为"勉励友人勿蹉跎岁月，要趁着年轻奋发进取，成就一番事业"。还有的同学难以去除思维定式，一看到杜甫，主题就是忧国忧民，诗风就是沉郁顿挫。

二、读懂诗，贵在读懂诗歌的起承转合

读诗，知人论世可以，借助注释可以，抓意象品语言也没错，但是，读懂诗，借助文本读出诗的起承转合是本，其他只是辅助手段，我们不能舍本逐末。

杜甫的《赠卫八处士》，起于一至四句因与故友难以相见而相见后的欣喜，承于五至十二句时光易逝的感慨，转于十三句至二十二句感激对故友一家热情款待的温暖之意，合于二十三、二十四句明日即将分别的感伤。

起承转合阅读法，和圈点勾画意象，鉴赏表达情感的关键词的阅

读方法最大的不同在于，后者形成的是点状性思维，而前者形成的是结构化思维。后者是前者阅读的基础，前者是在后者局部理解基础上的整体认知。

三、读出起承转合，自然读懂诗人的情感变化

上面杜甫的这首诗，命题人这样设问：

前人评此诗："全诗无句不关人情之至。"作者写事如在眼前，写情亲切深挚。请阅读全诗，分条列举作者表达了哪些复杂而细腻的思想感情。

学生作答时，大多写出时光飞逝的感慨，写出即将分别的感伤。却写不出相见之难而相见的欢喜，写不出受故友家人热情款待的感激。分析要点不全的原因，实际上是没有抓到诗人情感的变化，没有读出诗歌的起承转合。如果我们读懂了诗歌的起承转合，把握作者欣喜——感慨——感激——感伤的情感变化，回答这道题便轻而易举。

四、读懂诗，借助思维活动的对话过程，读出虚与实的统一

阅读不仅是与文本对话、与作者对话的过程，更是借助文本自我对话的过程。读诗也不例外，古诗这样，新诗亦如此。

由教育部命题中心命制的 2020 新高考模拟试题，变化很大，兼考现代新诗和古代诗歌鉴赏，新诗替换了小说阅读，分值竟达 16 分，令人咋舌。有的考生认为，读古典诗歌还好，新诗读不懂。其实不管是古代诗歌，还是新诗，并没有本质上的差别。如果我们读诗，通过品读语言实现与文本与作者的交流对话，呈现一个自问自答的思维过程，就更容易把握虚与实的关系，那么读懂新诗也不在话下。

比如新高考模拟试题中的新诗鉴赏：

刈禾女之歌
辛笛

大城外是山
山外是我的家
我记起家中长案上的水瓶
我记起门下车水的深深的井
我的眼在唱着原野之歌
为什么我的心也是空而常满
金黄的穗子在风里摇
在雨里生长
如今我来日光下收获
我想告诉给妹妹们
我是原野上的主人
风吹过镰刀下
也吹过我的头巾
在麦浪里
我看不见自己
蓝的天空有白云
是一队队飞腾的马
你听风与云
在我的镰刀之下
奔骤而来

一九三七年四月三十日
在苏格兰高原

在阅读中,揣摩语意,设置读懂的思维台阶:
1. 读标题,思考:"刈禾女"与作者辛迪是什么关系?

2.读注释,思考:"一九三七年"带给我们什么思考?

3.读文本,思考:

(1)"大城外是山,山外是我的家"点出了"城""山""家"的空间距离,"刈禾女"在哪里?

(2)"水瓶""井""原野"这些意象是"虚写"还是"实写"?

(3)"为什么我的心也是空而常满?"这句话在结构上起到什么作用?这句富有哲理的句子有什么内涵?

(4)通过写"金黄的穗子""日光""麦浪""镰刀""蓝天""白云"表达什么?

(5)诗人为什么借"刈禾女"抒发感情?

读诗就是这样一个通过揣摩语言不断发问的思维过程,通过设问,使思维走向深入,由认知的模糊到思维的清晰。这首诗表面看来,是一首现居大城市、家在原野上,曾是刈禾女的思乡之曲,但实际上作者是借刈禾女之口,抒发自己积蕴已久的对生机勃发的自然宇宙的热烈渴望,对五彩缤纷、宁静和谐、广阔厚实、勤劳淳朴的文化之境的憧憬与向往。

"诗言志",读出诗人志,悟出诗人的情,好比我们水中望月,总有一种距离感,朦胧感。要想缩短读者与诗人的距离,就要借助语言的摩挲、品味,思维台阶的搭建,读者与诗人的角色转化、情感转化、思维转化。

这样,即便是水中望月,也能望得真切。

赏析能力

一字一世界，字字皆有情
—— 谈"一语双关"，一箭双雕

在切入正题之前，我们先看战"疫"一线的报道：

全国31支医疗队共4.2万医护驰援武汉——湖北，和汉鄂医护并肩作战。请您聚焦各地代号：

京兵强将（北京）：津字招牌（天津）；冀来则安（河北）；竭晋全力（山西）；别害怕，蒙蒙达（内蒙古）；辽表寸心（辽宁）；逢凶化吉（吉林）；夜再黑终见光明（黑龙江）；"沪"你周全（上海）；苏大强（江苏）；鲁大壮（山东）；浙风挡雨（浙江）；皖无一失（安徽）；国泰闽安（福建）；赣做敢当（江西）；随豫而安（河南）；湘互扶持（湖南）；粤来越好（广东）；兵桂神速（广西）；琼尽全力（海南）：渝战渝勇（重庆）；蜀你最好（四川）；贵人相助（贵州）；拨云见日（云南）；秦劳勇敢（陕西）；甘苦与共（甘肃）；青囊相助（青海）；安国宁家（宁夏）；同新协力（新疆）；翏力同新（兵团）：战疫铁军（解放军）。

我们看完各地支援代号，是不是感受到了中国文字的魅力？是不是赞叹中国汉字的博大精深？是不是领悟一字一世界的深邃？是不是读出了中国情感、中国精神？是不是对中国人民的智慧叹为观止？

一个字，集音、形、义于一体，可以说是音和，形美，义丰，情真。一个汉字，可以成为一幅画，亦可成为一首诗。一个字，一个词，一句话，可以一箭双雕，韵味无穷，妙趣横生。

所以，今天我们就从汉语修辞学的角度，聊一聊"一语双关"。

什么是"一语双关"？

"一语双关"就是指在特定的语言环境中，借助语音或语义的联系，使语言关联到两种事物，使语句构成双重意义的修辞方式。

"一语双关"分几类？

"一语双关"有谐音双关和语义双关。"谐音双关"就是利用汉语同音或近音的条件，用同音或近音字来代替本字的双关。如年画中的"年年有余"。"语义双关"就是利用词语或语句的多义性构成的双关。如"夜正长，路也正长""夜再黑终见光明""苏大强""鲁大壮"等。

"一语双关"出现频率高吗？

"一语双关"的修辞方法，在生活、学习、工作中广泛运用，比如在四字词语、对联、诗句、广告语、小说或剧本、文章标题中都可以见到。

在四字词语（含成语）中的运用

比如开篇见到的战"疫"代号，"京（精）兵强将，津（金）字招牌，冀（既）来则安，竭晋（尽）全力，辽（聊）表寸心，沪（护）你周全，浙（遮）风挡雨，皖（万）无一失，国泰闽（民）安，赣（敢）做敢当，随豫（遇）而安，湘（相）互扶持，粤（越）来越好，兵桂（贵）神速，琼（穷）尽全力，渝（愈）战渝（愈）勇，蜀（数）你最好，秦（勤）劳勇敢，青（倾）囊相助，同新（心）协力，翏（勠）力同新（心），战疫（役）铁军"等，都属于谐音双关。

"贵人相助、甘苦与共、安国宁家、拨云见日、逢凶化吉"，都属于语义双关。

在古典诗句中的运用

大家最熟悉的莫过于南朝乐府《西洲曲》了，其中"采莲南塘秋，莲花过人头。低头弄莲子，莲子清如水"这脍炙人口的诗句，就运用了谐音相关，"莲子"即"怜子"，表达出一位女子对所爱男子的深情思念。

苏轼《定风波》中的"竹杖芒鞋轻胜马，谁怕？一蓑烟雨任平生"，"风雨"运用了语义双关，既指自然风雨，也指人生风雨。李商隐《登乐游原》中的"夕阳无限好，只是近黄昏"，"夕阳"不仅描绘出余晖映照，晚霞满天的画面；也写出了诗人的时代没落之感，家国沉沦之痛，身世迟暮之悲。在《李义山诗集辑评》中，纪昀曰：百感茫茫，一时交集，谓之悲身世可，谓之忧时事亦可。

在对联中的运用

"狗啃河上骨，水流东坡诗"，这副对联暗含一个典故，"河上"运用了谐音双关，既指"河岸"，又指"和尚"，这个和尚是苏东坡好朋友佛印。据《宋稗类钞》记载，一天傍晚，俩人在江上泛舟游玩，执杯对句，东坡突然手指河岸，佛印向河岸望去，见岸上有条大黄狗正在啃骨头。见此场景，佛印便将手中题有苏东坡诗句的折扇抛到了水中。两人相视，捧腹大笑。

"昨夜敲棋寻子路，今朝对镜见颜回"，这副对联描写两个画面：昨晚下棋，今早照镜。其中"子路""颜回"运用了语义双关："子路"指下棋的路数，"颜回"指面颜的真容；也指孔子的两位弟子。对联的字里行间流露出对古代先贤的敬慕。

在人物取名中的运用

人物的名字不仅是一个"符号"，而且还具有深刻的内涵和审美价值，充分反映了作家对姓名之学的匠心独运。

《红楼梦》中"宝玉"这个名字，作者曹雪芹就运用了语义双关的修辞手法，关联他的前世今生。前世由无材补天的顽石幻化而成，僧道之人"见着这块鲜莹明洁的石头，且又缩成扇坠一般，甚属可爱"，才决定"携它到那昌明隆盛之邦、诗礼簪缨之族、花柳繁华地、温柔富贵乡那里去走一遭的"。宝玉衔玉而生，突显他在贾家的地位，如贾母手中宝，掌中玉。同时宝玉二字拆开来解，宝指宝钗，玉指黛玉，宝玉一生与二女子有着密不可分的关联。可见，一个名字，不仅交代了他的身份、地位，暗示了他的前世今生，还有推动故事情节发展的作用。真的是一箭双雕，一石三鸟，奥妙无穷。

当然，"一语双关"的谐音双关也随处可见，《红楼梦》中的好多名字，都运用了谐音双关，比如霍启（祸起），甄士隐（真事隐），贾雨村（假语存），甄英莲（真应怜）等。就连目前热播的电视剧《安家》中的女主人公"房似锦"这个名字，由"房四井"而来，也暗含她的前世今生，既符合她房产中介的身份，又有对其工作场上奋斗前景的预期，"四井"变成"似锦"，审美空间大大地拓展。

在广告语中的运用

比如"金猴皮鞋"的广告语：金猴皮鞋，令足下生辉，"足下"就运用了语义相关，既指脚下，又是尊称对方为"您"。该广告的双重意义就是，穿上金猴皮鞋，不仅脚下生辉，而且使您整个形象光彩照人，大放溢彩。

再比如"好面子洁面乳"的广告语：好面子洁面乳，只许痘留5天。这里的"痘留"与"逗留"是谐音相关，"逗留"意为短暂停留，极言时间之短。该广告的双重意义：既说明洁面乳的治疗对象——脸上的"痘"，又说明了洁面乳的功效神速。

在标题中的运用

请看近日一组新闻标题：

《同心战"疫"，同"屏"共振》（来自《光明日报》）；《"花经济"带来好"钱"景》（来自《光明日报》）；《无"颜"的守护》（来自《光明日报》）；《能行则"能行"》（来自《中国军网》）；《舌尖之"鲜"别成社会之"鲜"》（来自《人民日报》）；《直播带货不能"带祸"》（来自《人民日报》）；《防疫用品企业可先开工后补"票"》（来自《经济日报》）；《年货生鲜汇，"鼠"你够味》（来自《中国青年报》）；《温暖的春运"盲"道》（来自《中国青年报》）；《复工复产，有"礼"有"距"，快来学习传统文化拱手礼》（来自《中国文艺网》）。

再看 2012 年 2 月 15 日《北京晚报》新闻标题《敢问路在何方，路在脚下》。我们如果不了解"2 月 14 日习近平访美会见奥巴马并转交胡锦涛主席亲署信时是他用这句歌词来形容两国关系"的具体语境，就会误认为是作者直接引用了《西游记》中的主题歌词。这个题目与其说是引用歌词，不如说是引用了习近平的外交辞，在外交中他构建了双关语境，这里的路虽然不实指西天取经之路，但却同样是充满艰辛，付出努力之路。

运用"一语双关"的标题不仅吸引读者的眼球，还鲜明地揭示文章中心。因此，阅读文章时要从题目入手抓住文章的主要内容，分析标题时要从表面含义和深层次含义两方面考虑，写作拟题时可以关联语境，在推敲文字上下功夫。

"一语双关"的妙处何在？

"一语双关"，不仅是修辞手法，更是语言艺术。这种艺术兼顾显性语境和隐性语境，运用时要考虑艺术受众对象，要为受众对象搭建联想的桥梁，这样才能收到平淡中见奇，平常中见异，含蓄中传情，幽默中达意的效果，起到凝练语言、画龙点睛、点石成金的作用。

规范能力

解答现代文阅读题要有规范意识

在高考复习中，现代文阅读既是重点又是难点；尽管老师和学生都倾注了大量心血，但是所得分数还是令人叹息。其实，对于大多数考生来说，他们并不是完全读不懂文章，也不是完全读不懂题目，只是解读文本、解答试题还不够规范，才导致不该失分的地方失分。做现代文阅读题，我们不追求满分，但并不是不追求高分。只要在自己的领域中占到优势，就会高出一招。因此，解题规范就显得尤为重要。那么怎么做到规范呢？

一、以文解题，忌主观臆断

要想以文解题，首先做到解文要规范。规范阅读不妨做到三点：一是记着内容读；二是划着重点读；三是想着问题读。记着内容读，往往是记着文章的题目来阅读，因为题目往往会给我们读文带来思考，便于了解文章行文的思路；划着重点读，往往是划出体现作者观点、情感的语句来阅读，便于把握文章的思想；想着问题读，往往是带着问题有针对性地阅读，快速找准相关问题的阅读区间，捕捉重要信息。

二、以题解题，忌问牛答马

要想以题解题，首先要做到审题规范。审题要抓得住，连得起，连得上。抓得住,就是要抓住题目的关键信息;连的起,就是将关键信息连缀成句;链得上,就是将知识积累、阅读经验、文本信息与题目链接得上。以题解题,才能高效做答,避免问牛答马,做无用功。

三、以点明示,忌杂乱无章

要以点明示,就必须在审清题目的基础上,看清分值,通过分值推断答题的要点。分点答题,各个要点是独立的,并列的,不能写成包含关系,否则分点等同于不分。以点明示,不仅避免答题杂乱无章,还能够让阅卷老师快速地清晰地了解你的答题思路,不会出现漏判现象。

四、以"点睛"为要害,忌群龙无首

点睛之笔,就是答题的要害之语。要做到点睛,就要善于提炼和概括。比如答赏析题,鉴赏的点是什么,评价的观点是什么,为什么这么评价,可以展开具体分析。答这种题时尽可能采用"先观点后分析"的方法,让老师在最短时间内把握住考生的观点。在高考阅卷中,并不是写得越多得分越高,主要还是看答题是不是切中要点,因为高考阅卷采用的是抓点给分。所以,一定要善于提炼"点睛"之语。有了精当的"点睛"之语,即使后面的分析不是很到位,往往也能得到比较理想的分数。但是,光有"点睛"之语,缺少简要分析,老师就会认为考生的认识还不是很到位,思维还不是很严谨,也不会给很高的分数。因此,解答现代文阅读题一定要注意观点与分析并行,凸显"点睛"之语。

做好现代文阅读题,必须从规范入手。紧扣文本,突出重点,以文解题;审题仔细,问答照应,以题解题;参照分值,兼顾分项,以点明示;突出重点,画龙点睛,书写完整。总之,考生一定要规范阅读,规范表述,打磨自己的答案,力求现代文阅读得到高分。

综合能力

最后百天教师备考十条

高考百天，对于教师来说，快速促进学生成长的主渠道还在课堂，所以，教师要投入到魅力课堂的建设：

1. **课堂注重问题设计**

面临高考，各地模拟试题增多，学生练习量加大，学生呈现的问题也会层出不穷。可是时间越来越紧迫。作为教师，我们要规划好时间，列出学生问题清单，先排序，后取舍，确保问题的解决有价值，有意义。每堂课指向问题，用问题解决带动练习，以求精准高效，从容应对。

2. **课堂注重学生活动设计**

学生活动设计得好，便于让学生积极主动地参与课堂；便于删除无效教学环节，减少无效甚至负效行为；关注学生的心情紧张度，营造精神心理氛围，为学生的思维活跃，主动探究做好准备。

3. **课堂要设计学习活动的评价**

学习活动评价是对学生活动的反馈，设计评价要有标准，多维度，重在激励。评价得好能够科学客观发现学生活动反馈中存在的问题，并提出合理化建议。学习活动评价到位，也便于挖掘学生活动中生成的资源。

4. 课堂要与每一个孩子有效交流

教师可以把全班、小组和个别的教学形式最优地结合起来，很好地照顾到学习有困难的学生和学习基础较好的学生在内的全班学生，关注每一个学生的进步。对学习有困难的学生来说，最好是规定特别重要的练习，使他们通过练习掌握最重要的技能，切忌加大作业练习量。对基础好的学生，在计划课堂教学任务时，必须力求较为全面地满足他们较深入地学习课程的需要，在安排课上独立作业时尤其能得到妥善照顾。

5. 课堂将作业纳入教学环节的设计

高三学生时间紧，任务重，压力大。教师的作业布置一定要纳入教学设计环节，避免作业的随意性。讲究作业的质与量，真正起到课堂的巩固与课下延伸的作用。

6. 课堂一定要关注学生思维品质的培养

不管哪一学科，问题的解决都离不开所储备的知识，但是怎么调动知识积累，实现问题与所储备内容的有效链接，有效转化，还取决于学生的思维。所以，课堂要以训练学生思维为主，弄清楚解决问题的来龙去脉，而不是以训练技巧为主。

7. 课堂上将学生的写落到实处

学生在课堂上的听与写、思与写、说与写能否统一，还在于我们教师的引领。学生听讲听得明白、想得明白、说得明白，不一定写得明白。所以，我们的课堂要将听、思、说最终聚焦到写上，将写落到实处。比如面对问题系统思考后，尽量想全各个角度、要素，"列出"答案提纲，再清晰完整表述。

8. 课堂魅力的彰显在于和谐

和谐一是关系和谐，教师与学生、学生与学生关系融洽，课堂有亲和力，为学生的思维活跃营造良好的氛围。二是训练和谐，如手脑和谐，听说读写和谐等。三是指发展和谐，关注学生的知识与能力、素养与精神。

9. 课堂要突出学科思想与学科方法

知识学习要瘦身，淡化过分关注书本知识，特别关注学科思想与学科方法。关注用学科思想与学科方法解决不确定问题情景中整合综合运用的知识，提升运用学科思想与学科方法解决实际问题的能力。

10. 课堂的视角要开阔，要各学科融合备考

临近高考，教师课堂的视角要开阔，不仅在选择教学内容上，结合时代热点、科技前沿、文化传承、生活实践等方面安排教学内容，还要关注同一考查内容在不同学科当中的呈现方式。

最后百天学生备考十条

1. **做好攻坚克难的心理准备，敢于啃"硬骨头"**

清楚自己的问题所在，将问题写出，并列出解决问题的翔实计划。

2. **有科学管理自我的执行力**

针对自己的多次考试，查一查缺漏之处，有针对性地练习提高，测一测还有什么问题，针对问题再解决，再提升。

3. **勤于完善自己的知识网络，形成高考复习的知识框架图**

网络越密实，漏洞就越少。

4. **补弱更需扬优**

清楚自己的劣势，一定想办法弥补，转化；明白自己的优势，一定继续保持。切忌顾此失彼，此长彼消。

5. **处理好语数英与文综、理综的关系**

每一学科都很重要，不要因为一时兴起或者错误认知有意忽略一两科。最后百日文综、理综涨分空间大，有意识强化。但是其他三大学科要保持一种手感，有针对性地解决问题，千万不要等失去做题感觉再回来寻找。

6. **每天作业限时训练，训练完后订正答案，求速度与准确度**

作业要限时，一看速度，二看精准度。训练完后再订正答案，不要思路受阻就去翻阅答案，不利于自己思维品质的养成。

7. 日日梳理，典型梳理

最后百天我们会接触很多试题，但不要在题海遨游，要跳出题海，日日梳理，将有问题的内容解决掉；要对典型内容进行梳理，处理好以一当十中的"一"与"十"的关系，使储备更从容。

8. 打通题目与所储备知识、能力的通道

打通题目与所储备知识、能力的通道是思维。要认真审题，抓住关键信息深入思考，明确答题的方向之后，才能有效调动知识储备。

9. 强化几种意识

最后百天更要强化学科之间的平衡意识，基础知识识记意识，解决问题的对应意识、灵活变通意识，重文重题意识，所储备的内容与题目之间的转化意识，文科主观试题的要点意识。

10. 关注时代热点、科技前沿与学科知识的融合

时代是命卷人，我们是答卷人。试卷内容会紧扣时代，所以要了解当今时代的热点，科学技术的进步与学科知识的融合。

附录

　　时间是短暂的,白驹过隙,似水流年。它像人生的一条单行线,在单行线上,一直向前。你可以沿途驻足欣赏,也可以沿途快走疾行,还可以回望已经走过的路,但是,只能回望,却不可走回。

生活随笔

为她点赞

一位中年妇女，拉着一位老人的手在最后一排座椅后面的空堂处走来走去，她时而与别人擦肩而过，时而从站立的人旁略绕半圈儿，她走，老人也走。

似在溜达，似在听讲，但这娘俩儿始终没有停下匀速而有节奏的脚步。

在我于唐山图书馆讲堂讲座刚刚开始约两分钟，这一幕就呈现在我的眼前了。

尽管讲堂内人员很多，但高与低，动与静的对比，总能更引起你的注意力。

前面的读者都坐着，有坐在座位的，也有坐在地上棉垫上的。所以站着的人群总是挺扎眼，尤其是似乎与这人群有丁点儿距离，溜达着听讲座的娘俩。

当时在我内心深处闪过一个念头，这位老人真好学，眼睛看不见了，还来听讲座，真是难得的好学者，我要为她点赞。这位女儿或儿媳模样的人，为了老人也真是舍得陪伴，我也为她点赞。

当时内心产生对老人的敬佩，她是什么职业？是教师？是语文教师？是读书爱好者？这些想法仅是滑过而已。

有时我们总是佩服自己的伟大，既在讲座的状态，也在关注他人的状态，或许这就是一心可得二用吧。

整个讲座，我们彼此都没有停过，我的话语没停，她们的脚步也没停，似乎我们之间有一种莫名的默契。

最后随着我的一句结束语，"《老人与海》，就像中国茶，慢慢品才能品出它的浓酽；又像中国烈酒，只有会喝的人，才能品出它的芳醇"，这娘俩才停下了匀速而有节奏的脚步。

会场由安静慢慢开始沸腾，有读者上台来加微信的，有问公众号的，有与我合影的，各种忙，这娘俩儿在我忙乱中跳出了我的视线，等我四下寻找时，已完全不见她们的踪影。

在我走出唐图讲堂的当儿，馆长与我同行，跟我说，"今天的读者年龄跨度很大，年幼的四五岁，年长的近八旬。不知您发现没有，后面有个女儿和妈妈一直在后面溜达着听您讲座，这位女儿是我们的忠实读者，今天既想听讲座，又想照顾妈妈，因为妈妈生病，担心老人坐在椅子上会睡着，所以就想了这样一个两全其美的办法。"

馆长还补充说，就是找您问公众号，说关注了怎么没看到内容的那个，就是她。

听了馆长的话，我似乎才从定格在脑海里"边走边听"的一幕中回过神儿来，心里想，"馆长，怎么不早说，如果我早知道，一定细细打量一番这位美丽的女儿。"

孝顺是源自内心的美，读书是装饰人精神的美，拥有双重美丽的女子应该是怎样的光鲜？

读书永远不为俗务所累！让我们学习这位美丽的女儿，为她的孝顺点赞，为她喜欢读书点赞，为她独有的精神长相点赞！

服务

洗掉一身乘车的疲惫,她吹干长发,看了看手表,已经11点了。她习惯性地找寻前台的电话号码,以备不时之需,很快,在一个竖立于床头柜的服务牌上找到了,第一个号码就是,号码上方还有几个大字赫然挺立:"您的满意是我们最好的服务。"

她给手机充上电,上床休息,等待睡意来袭,准备迎接明天的医学学术会议。

"吱吱吱""嗡嗡嗡"的声音,从隔壁上方想起,这种划破静寂的刺耳之声让她的眉头紧皱了一下,什么声音?莫不是隔壁的房子哪里出了问题。她内心忖量着,等待着这声音的消逝。

这声音持续了五分钟,终于不响了,她长出了一口气。可没等过五分钟,电钻声音再次响起,这次持续了足足十分钟。怎么办?这种声音,在夜晚简直是环境的杀手。但她还是选择了等待,等待这声音的逝去,再也不要响起。可是似乎事与愿违,声音刚刚停下,没两分钟又开始响起,而且持续得越来越久。

这时她又看了看手表,快接近12点了,怎么办?

她一直等待声音没了就开始入睡,看来很难了。她拿起房间电话,给服务台拨了过去。

"您好,前台,很高兴为您服务!"

"这声音怎么回事?还让人睡觉吗?"

"这是隔壁银行装东西的声音,这一晚上都要装,给您换一个房间吧？"

"现在换房间？"她有些惊讶。

"对，我让阿姨一会儿上去，帮您调个房间，可以吗？"

"实在不行，只能换吧。"她很不情愿地说着，用眼扫了一下散落在房间的自己的东西。

"咚咚咚"门响了，她打开房门，让阿姨进来。

阿姨说，调哪个房间都吵，得响一晚上。

听到这里，她有些着急，拿起电话又给前台拨了过去

"很高兴为您服务！"

"隔壁装修影响你们生意了，你们经理同意吗？"

"隔壁银行经理和我们经理打过招呼了。"

"您和您经理说，顾客睡不了觉，让他们明天再干吧。"

"行，我打电话说说。"

这中间的对话都是高出好多分贝，几乎是高音喇叭，要不然早得被这"吱吱吱""嗡嗡嗡"的声音盖过了。

又大约过了二三十分钟，她意识到所有的对话都是苍白无力。

无奈之下她拿起了手机，拨打了当地的110，因为在这种情况下她也不知道该找谁求救了。

"您好！我是值班警察XXX，请问您有什么事需要帮助？"

"我是外地来这里开会的，我住在了AB大酒店，隔壁房子装修我睡不了觉。"

"您在哪个酒店？什么位置？能把酒店电话给我吗？"

"我在AB酒店，不清楚具体位置。"她说着，然后看着桌子上放着的服务牌上的电话号码，照着读了一遍。

"好，您放了吧，我会和当地派出所联系。"

可能是打了电话的缘故，电钻过了一会儿真就不响了，只听隔壁有收拾家具的窸窣声。

但是约十五分钟左右又响起来了，她真的是忍无可忍，无力之下

又拨打了报警电话，只听那头传来"您放心，我让当地派出所去一趟"。

这中间电钻始终没停。

她又拨打了前台电话

"您好！很高兴为您服务"

她打断了对方例行公事的语言，"您能把你们经理的电话给我吗？我都报警了，你们还在这里继续。"

"好的，我先跟我们经理说一下。"

放下电话，她耐心等待着前台的电话，过了一会儿，终于收到前台的反馈。

她拿起手机拨了经理的电话号码。

"对不起啊，晚上打扰您了，因为要装个门头，白天不让装，只能晚上装。"电话那头传来了一位女士的声音。

"原来是你们酒店自己的事儿啊！"

"是。"

"那前台还说是隔壁银行！"

"是我们自己装，前台不太清楚。"女士说，"今晚我们就不装了，明晚再装。"

听到这里，她沉默了。

不知是该为经理的诚实点赞，还是该为经理的服务喝倒彩。

经过这么一番风波，电钻的声音终于消逝了，可耳旁这句"很高兴为您服务"却萦绕在耳际，那几个大字"您的满意是我们最好的服务"还依旧赫然挺立。

有时服务本身就是一种盈利，可盈利之时千万别忘记服务。

占座漫想

坐飞机，等待登机时座位有限，有好多人站立，却有椅子上放着两个书包，一个竖放，一个横放。坐火车，等待检票时座位紧俏，有好多人没座儿，却有椅子上放着个大书包，用手护着，唯恐别人拎了去。

问有人吗？干净简洁两个字，"有人"，足足站了30分钟，终于等到了检票，忍不住好奇还是瞟了一眼那个座位，依然是包坐着，没看到她说的人。

不同场景，几乎同样的画面还是随处可见，人多的地方都有用包占座的现象，这种现象令人担忧。

由此我想到了在慈溪293路公交车上，短短12分钟连续4次让座的黄唯小朋友！这位小朋友透出的善意与善良，对陌生人的牵挂与关爱，被人拍成视频，这一视频成为网红。

"红"原因是什么？除了人们对小朋友的善良感动，对善行的点赞，是不是还有对公共空间文明的期待？有对公民素质提升的呼吁？

还记得2014年高考重庆卷作文：一个游客去波罗的海海滨度假，只因游客打碎花瓶时把碎玻璃片和屋里的其他垃圾放在一起被老人拒签了租房合同。后来，老人仔细地将玻璃碎片一一捡了出来，放入另一个垃圾袋，写上："玻璃碎片，危险！"

其实，不管是在国外还是在国内，都能够体会到人们对公共文明呵护行为的赞美，以及对公共文明行为破坏的排斥。公共场合的吸烟，公共场所的任意遛狗，高铁上霸座的男子，公交车上抢夺方向盘的女子，都与我们进步中的国家不够和谐。

当我们听到796件套漂泊海外的中国文物即将踏上"回家"路这一报道时，肯定感到欣喜，因为它唤起中华民族多彩的历史记忆；肯定特别自豪，因为它记载了东西方文明交流史。

一个国家的文明与它的实力是同进步，同提升的，在大力倡导"五个文明""五位一体"的今天，我们的目光不仅聚焦在经济文明、政治文明、生态文明上，还聚焦到社会文明与精神文明。

祖国日新月异地发展，不仅需要它的硬实力，也需要它的软实力，依赖全民道德素养的提高，需要公共空间文明的建设。在公共空间，要增强我们的规则意识，正能量的传递意识。时刻有一种带入感，"己所不欲勿施于人"，让文明与新中国同行，让文明之花开在国家快速发展长河的两岸。

"色"难与"容"易

——树欲静而风不止,子欲养而亲不待

在医院,曾见到过这样一幕。一位中年男子搀扶着一位老人下楼,老人腿脚不利索,身子不便,就坐在了楼梯上。中年男子说:"md,搀着你,你还往后坐,你坐着吧!",中年男子的声音很大,引来了上楼下楼人的目光。有人说,"他腿脚不方便,不是故意往后坐,快把老人扶起来!"

因为正坐在了近楼梯的拐角处,上楼下楼的人不免有些拥挤,老人"唉"的一声叹了口气,一脸无奈透露着力不从心,道出了自己真不争气。

这一幕勾起了我的回忆。记得两年前有一次坐高铁,刚坐定。一位烫着卷发,染得奶奶灰发色的中年妇女推着轮椅上了车,车上坐着一位手拿拐杖的老人。这位中年妇女上车后,找到乘务员,请求调换一下座位,我当时想和她换,但是我的座位是三人座中间的 B 位,听她的意思想换成 D、F 位。在等待列车员帮助的过程中,她嗓门儿很大,"你非得拿着个拐杖,让你放外面,你非抱着!"这个女子连续嚷嚷了两遍,我和坐在 C 位的男士不觉对视一下,但没有言语。换好座位,我邻座 C 位的男士帮助她把老人扶到座位。不料中年妇女刺耳的声音又传来,"不让你拿着拐杖,非得拿。"老人顺着眼听着她的训斥。

古人云,久病床前无孝子,做个孝子真的很难!

细读《论语》,品品孔子与徒弟的对答,会带来好多启发。

子游问孝。子曰:"今之孝者,是谓能养,至于犬马,皆能有养,不敬,何以别乎?"现在所谓的孝,指能够奉养父母,就连狗与马,也都要饲养。父母和狗马都能养活,如果不能尊敬父母的话,那么奉养父母和饲养狗马还有什么区别呢?

看来,孔子认为的孝不止在"养",还在"敬"。"养"是对父母物质上的供奉,"敬"是对父母心灵上的慰藉。可见"孝"是源于内心,源于心灵深处的敬与爱。在孝的认识上庄子也赞同孔子的观点。庄子曰:"以敬孝易,以爱孝难。"说的是尊敬双亲,力尽义务,容易做到;眷恋双亲,出自内心,难啊。

反过来说,如果孝是发自内心,尽孝就不难。

《平凡的世界》中孙玉厚一家光景烂包,老妈半瘫炕上,可是孙玉厚及自己的孩子少安、少平、兰花、兰香都对老人孝顺,孙媳贺秀莲也是如此。真正的孝,是心与心的相连,情与情的相依,爱与爱的交融。不是非得物质富足,就是物质匮乏也不减内心爱的温度、孝的味道。

言为心声,行为心动。当我们的言是内心真情的流露,行是内心真情的表达时,"色"难就转化为"容"易了。

《孝子传》曰:老莱子者,楚人,行年七十,父母俱存,至孝蒸蒸,常着斑斓之衣。为亲取炊,上堂,脚跌,恐伤父母之心,因僵仆为婴儿啼。

讲老莱子的故事,并不是都让大家成为"老莱子",而是有一颗像老莱子娱亲的心。

娱亲,还在于做好自己,让父母高兴。

孟武伯问孔子什么是孝。子曰:"父母唯其疾之忧。"意思是说让父母只是为子女的疾病发愁。孟武伯是个官二代,家里什么也不缺,孔子认为做好自己,让父母不担心自己就是孝。

所以尽孝,要做好自己,爱惜自己,好好生活,不做违法乱纪之事;提高修养,好好学习,不做违背道德之事;爱岗敬业,好好工作，不做影响集体之事。这些方面都不让父母操心，就是孝。

尽孝是义务，更是权利。尽孝需要物质，但更需要爱心，需要善良。孝是家庭中的基因，会代代相传；孝是文化中的精神，会代代延续。

尽孝有时限，应在有限的时间里好好尽孝，因为"树欲静而风不止，子欲养而亲不待"。这样一想，和颜悦色难就会变得笑容满面易了。

"有用"与"无用"

记得党校学习时我们进行临沂党性现场教学活动汇报，汇报中我不仅参与我们组的访谈节目，还担任《跟着共产党走》合唱的指挥。在预演完之后，有位同学问我，"马老师，您是教音乐的？"我欣然回答，"不是，我是教语文的。"等汇报结束之后，又有位同学问我："马老师，您是教语文的？"，"嗯，我是教语文。""访谈中您说得真好，真厉害！"明明知道同学的这番话是对我的激励，不过听到赞美，心里还是美美哒。

由此，我想到了两个词"有用"与"无用"。懂点音乐，对语文学习似乎无用，可是对我全面发展有用。特别感谢上中学时老师能挖掘我指挥的潜能，给我机会，让我担任指挥，接受老师指导。感谢这些跟考试无关的无用功夫，恰恰是这些所谓的"无用"，才带来了终身发展的"有用"。

犹记得小时候常听有些家长看到孩子读小人书时说，"净读些无用的书"；还记得有些班主任一看到学生看《读者》《意林》等课外读物，马上一脸严肃，把学生手头的书收走。

其实想想，没有小时候的小人书，或许不能较早接触《三国演义》《水浒传》等名著；不接触《读者》《意林》等闲书，或许读书之源干涸，文学素养堪忧。我觉得恰恰是"无用"的闲书点燃了学生阅读梦想之火。

"有用"与"无用"，是相对的，不要过早界定。急功近利的"有用"未必走得远，着眼未来的"无用"未必真的没用。

庄子有云："桂可食，故伐之；漆可用，故割之。人皆知有用之用，而莫知无用之用也。"

在我们的现实生活中，好多东西看则无用实则有用。看似无用的事儿，我们做了，其实没任何妨碍；看似无用的人，我们交了，收获了快乐；看似无用的书，我们读了，却受益终身。

莫言说："文学和科学比确实没有什么用处。但是它的没有用处正是它的伟大用处"。

所以，"有用"与"无用"，是对立统一的关系，二者可以相互转化。无所谓"无用"，也无所谓"有用"。在时间的轨道上，此时无用，彼时有用，真的是这样啊！

是他们,将萤火汇成星河

樊迟问仁。子曰:"爱人。""仁",即爱也。

·1·

宅在家里,备课抚平气躁,阅读治愈心焦。偶尔傍窗而望,除了一星半点儿的行人,就是那一抹黄。

每天都能看到环卫工人的身影,他与他的朋友——三轮车,形影不离,带走了街道的孤寂与凄清,用他勤劳的双手,捡拾,倾倒,运输,一片片垃圾,一袋袋垃圾,一桶桶垃圾,远离,远去。

一抹黄,又一抹黄……平时热闹的街道,淡化了你,今日冷却悠长的小路定格于您。您,你们,用手净化街道,用心编织洁净的海洋。

·2·

"喂,您的快递!"快递小哥的电话。戴上口罩,披上大衣,匆匆下楼,取了东西,刚听我说了一声"谢谢!",快递小哥便扬长而去,背影很快消逝在静寂的街道。

慨叹网络购物的便捷,快递小哥的神速。没有您,"物"与"人"的距离不是一屏之隔,而是一丘一壑。您,你们,带着"千里马",用爱搭建供需的桥梁,用心编织七彩的纽带。

· 3 ·

这是一张刷屏的照片，在高铁座位上闭目养神一会儿。疫情期间，您从广州到武汉再到北京，实地了解、研究防控方案，上发布会、连线媒体直播、解读最新情况……84岁的您，仁爱为怀，一丝不苟；铁面无私，正义直言。

美丽的瞬间与记忆的片段勾连：为了保证药品质量，在全国政协分组会上，您掷地有声，铿锵有力。为了治理我们的生活环境，您奔走疾呼，提出建议。为了大中小学生每天进行锻炼，您列出数据，极力呼吁。

这就是您，钟老！您，你们，用心连着心，用情挽着情，用朴素的言行赢得信赖，用医者的术与爱济世救民。

· 4 ·

这是一组文字照，口罩遮住了面庞，雾气打湿了护目镜，只有防护服上的字迹清清楚楚。

"精忠报国"，道出了95后护士勇于担责，绝不退缩。"孙辰，好好学习"道出了一位驰援武汉的杭州医生的千言万语。不仅是对女儿的爱与盼，更有对工作的扛，对使命的担，对患者的仁。

"如有需要，我自愿报名申请加入医院的，各项治疗病毒性肺炎的治疗活动。不计报酬，无论生死！"您，你们，一张张申请书写满了真诚与善良，责任与担当！这是立足岗位的炽热心，是利国利民的精气神，是捐躯赴国难的生死观。

环保工人，快递小哥，科研人员，医护人员，还有……用平凡的故事诉说着仁爱，用仁爱之心编织着赤胆。您，你们犹如黑夜中的萤火，却将萤火汇聚成星河。

致敬，铿锵玫瑰！

哼唱歌曲《风雨彩虹，铿锵玫瑰》，喜欢有力的节奏，听着这铿锵顿挫的音乐，仿佛看到踩着鼓点的激越、向上的女子充满活力地跳舞。欣赏歌词的内容，写尽了女子面对风雨的无惧无畏、无怨无悔，追逐梦想的百转千回，永不放弃。

"三八"国际妇女节，让我们一起致敬，铿锵玫瑰！

向女科研医务人员致敬！

"封城！"

这是古稀之年，再战一线的李兰娟向国家的建议，也是凭借职业的敏感对国家的赤胆忠言。

她，73岁，中国工程院院士，国家卫健委高级别专家组成员。从穿上白大褂开始，她就以治病救人作为自己一生的职责。2003年非典、2013年H7N9，2019年新冠肺炎，她都抗"疫"最前线。

她，就是铿锵玫瑰。爱岗敬业，不惧灾难；久经磨砺，无怨无悔；铁肩担道义，妙手回春。出征时，"这场战役不成功，我们就不撤兵！"是她的誓言；脱掉防护装备，面部清晰的压痕是她的"勋章"。

驰骋"疫"场，她勇敢无畏；追逐梦想，她百转千回；纵横四海，她拔剑扬眉。

她是院士，亦是国士！她是国家的脊梁，民族的希望！致敬，如她一样柔肠侠骨，令人肃然起敬，富有中国精神的铿锵玫瑰！

向毅然决然的女护士致敬！

"雷场是哥哥的战场，医院是我们的战场。""这个战场，应该让我来！"

这是排雷英雄、时代楷模杜富国的妹妹杜富佳的肺腑之言。

她，27岁，贵州湄潭县人民医院急诊科的一名护士，工作第4个年头。在接到医院发出的加入抗击新冠肺炎倡议书后，第一时间报名。数隔半个多月，第二次又主动请缨，终于成了贵州第八批援鄂医疗队中的一员。

还有毛佳怡、徐丽菲……，以万为单位的女白衣天使从四面八方，逆行而上。她们训练有素、专业精湛；她们无惧生死，冲上一线；她们日夜奋战、不畏艰险。

她们美丽，如同含苞待放沾着滴露的玫瑰娇美，却现出迎风战雨不屈的姿态。

向她们致敬，危险面前不退缩，责任面前不逃避。懂义明责，用生命守护生命。

致敬，铿锵玫瑰！她们是中华民族的脊梁；他们的精神，就是中国精神。

向其他抗疫的女性致敬

这场抗疫，不是孤军奋战，而是众志成城。

据妇联统计，出征武汉的医生，超过50%是女性，护士超过90%。有几个数字足以证明：扬州大学附属医院派出纯女性团队；西安交大第二附属医院支援人数中，女性占到90%，辽宁医护女性占到总人数的88.2%。

不仅医护人员如此。在火神山建设过程中，不论是工程师还是建筑工人，也有很多女性，比例达到1∶1。建筑工人胡晓红就是其中的代表，大年三十她放下筷子，赶往火神山医院工地，与男性一样，不舍昼夜，与时间赛跑。

连夜加班的口罩厂里，无数位从事白领、教师的女性，自发响应号召来加班，才保障了口罩链的顺利供应。湖北仙桃口罩厂女工殷美娇，放弃难得的春节假，回到厂子，加班加点做口罩。

守护着"菜篮子"，给大家提供最坚实后勤保障的超市女店长，女收银员。

为了疫情防控的社区女志愿者们，运送菜的女劳动者。

满足网络供需的女邮递员，女快递员们。

还有银行女业务员、女警察、女教师……

各行各业的女士们，一并向她们致敬！

她们是柔者，但不是弱者，有爱心，有耐性，有韧劲。她们亦是刚者，勇敢，独立，坚强。刚柔并济就是她们最好的写照，她们是不让须眉的巾帼英雄，也是撑起了半边天民族的脊梁。

今天，在这女神的节日，请接受我源自心底的赞美，发自内心的尊重！致敬风雨彩虹，铿锵玫瑰！

美在九月

——教师节感怀

九月,是我一年中收获最多的月份。最美的赞誉,最真的祝福,最多的信息,最艳的鲜花,最灿烂的笑容,最温暖的拥抱,最真情的告白。这些跨空间而到,依时间而来。让我心动,让我欣喜若狂。

特别是每年九月,我都能收到毕业多年的学生邮来的鲜花,每周一束,持续到月末。

每每拿到鲜花,就有同事问我,谁这么有心送花。我说是我的情人,一个女学生情人。

拿到特快专递的包装盒,我都迫不及待地打开,轻轻解开绑着花朵的细绳儿,捧在手中左右端详,看了再看,闻了又闻,小心翼翼剪枝,精心插入花瓶,用心呵护每一朵花的生命。即便等到下一周来了新花,也侍弄着不肯丢下,总是挑了又挑,剪了又剪,把它与新花一起插下。

尤其是读那些花语与祝福,寓意非凡,亲切绵密,如师生情的娓娓诉说,如师生谊滋滋延续。

这每一周的花,多像每一届送走的学生。虽然新学生而至,爱又分散。但老学生在脑海中不肯抹去,好比计算机里的硬盘,一定留足储存的空间,记录故事,珍藏美好。

不管是相识25年,还是1年,我都希望我们彼此留一些空间回忆,留一些时间惦念!

在时间的长河"挤"出浪花

——做最好的自己

鲁迅先生说,时间如海绵里的水,只要愿意挤,总还是有的。

上初中时,我用黑色字迹的钢笔把这句话遒劲而醒目地写在语文笔记本的扉页,用来时时提醒自己、勉励自己珍惜时间。

不过,从2018年,对这句话尤其对"挤"这个字又有了新的感受。

2018年10月到12月,我参加了海淀区教委党校组织的小学第25期中学第29期的干部培训班学习。培训地点虽离单位有些远,但幸运的是从单位到培训地有直达公交车—61路,乘坐它,坐到终点下车步行百米就到。如果路况好,四十多分钟;如果路况不好,就得一个小时左右。总体算来,每天在路上要折腾近两个小时,虽然说闭目养神,思考人生,回味课程,电话沟通微信交流,就能很快把公交车上的时间填满,但总觉得自己好像还缺点什么没有做。

开学第一天,班主任佟老师温和亲切地跟大家讲:我们学员要轮流进行每日的课前培训;轮流进行课后小结;每人参与一项课题研究;每人每周交一篇随笔,随笔的题材不限,体裁不限,字数不限……

听着这些任务,在思考完成作业的时间,我觉得每天坐公交车时可以完成一些。

起始坐公交车,我喜欢坐在前面,虽然不是起点上车,但是到我上车时车上座位选择余地还很大。可是坐了两天以后我觉得前面的座位几乎不属于我,更谈不上静下心来利用这段时间做点事情。因为只要看到年长于我的人,都忍不住给他们让座。

坐了两天公交车,我就不坐在前面了,上车往后走,径直走到倒数第二排靠窗的位置坐下,如果这个座位已经有人,我就坐在最后一排靠边儿的位置。坐定后,拿出手机,找到备忘录,或者开启新一天的"晨思",或者记录自己听课感悟,或者写下教育教学的思考。

就这样,我备忘录的文字随着我坐车的天数增加而增加。一天,两天,……培训结束。一篇,两篇,多篇。在这近三个月的培训里,我记下了十万左右的文字。

所以,2018年寒假,我萌生了开"马老师聊语文"公众号的念头,想让"挤"时间记录文字的习惯坚持下去。不为别的,只为自己积累的文字寻找一个释放的空间,不带功利,也不想给自己太大压力。挤出时间就写写,挤不出时间就放放。

可时间,挤挤总会有的,少时下课之余,多时晚饭之后,睡觉之前;或早上睡醒后,或夜间失眠时。或单位,或家里,或路上。文字的输出在于语言的流畅,语言的流畅来自思维的连贯。有想法有思路时我便一气呵成,思维受阻时我便只言片语,简单记录。有的成文,有的成段,有的成句。

用手机备忘录记录文字比用电脑方便。几年前杂志社约稿,有时晚上两点醒来睡不着,打开电脑写篇文章,回头再眯一个多小时,起来上班。虽说电脑也可以,但还是不如用手机灵活。用手机备忘录记录文字还可以化零为整,不受时空限制,可坐着,可躺着,亦也可趴着,可以减轻腰椎不好的痛苦。

到目前为止,备忘录的东西越来越多,它好比我的电子日记。从手机内存的角度看,我特别应该删,可是我总舍不得删,因为在这些文字里留下了教育的思考,留下了生活的温度,也留下了时间的刻度。

时间是永恒的,不管哪一天,哪一年,哪一世,都这样。在指针的滴答声中匀速前行，一秒，两秒……六十秒；一分，两分，……六十分；一小时，两小时，……二十四小时；一天，一夜，昼夜更迭，周而复始。

时间是公平的，不管对我，对你，还是对他，一视同仁。

时间是短暂的，白驹过隙，似水流年。它像人生的一条单行线，在单行线上，一直向前。你可以沿途驻足欣赏，也可以沿途快走疾行，还可以回望已经走过的路，但是，只能回望，却不可走回。

时间有如长河，子在川上曰：逝者如斯夫。在即逝的时间长河里"挤挤"，便有希望，因为"挤挤"便有美丽的浪花。

寒冷的冬季,"炭"比"雪"多

——致我的督学团队

下雪了,洋洋洒洒,飘向大地。雪化了,却不免有嗖嗖凉意,再加上凛冽的寒风,走在路上,感觉寒气袭人,我不觉裹紧了大衣。

揣在大衣兜里的手随手机震动了一下,尽管冷,我还是忍不住拿出手机,呀!好几条信息:

"马老师,你看看,行吗?不行我再改。"

"马老师,我又加了一张PPT。"

"马老师,我晚点儿交,这两天太忙。"

哦,这两天是督学组长交这学期督学总结的日子。从这几条信息,我读出了她们的谦逊,读出了她们的认真,也读出了她们的忙碌。

陆陆续续交上来的督学总结,我都学习不下三遍。从他们一点一滴辛勤的付出,体会"不积跬步,无以至千里";从那些督学课的数字,感受"锲而不舍,金石可镂"。

回想去年10月,我校组建了由特级教师、学科带头人牵头的庞大的督学团队,纵跨小、初、高三个学段,横跨所有学科。

一年多的时间,督学们认认真真、扎扎实实、如火如荼地开展着工作,虽有推进的困难,感受的艰涩,但也有收获后的反思,成长后的幸福。

特别感谢我们的督学团队,他们交上来的总结可圈可点,画龙点睛,有深入的思考,真实问题的呈现,可谓切中肯綮。

督学平台让我们在"督"中学，学后思，在思中寻找突破点，成长点。"学而不思则罔，思而不学则殆"。我们在"督""学""思"中一路同行，不忘立德树人的初心，牢记"建设学科团队，提升教师研究力，促进课程改革，提升教育质量"的使命，循着"发现问题以求解决，总结经验以求推广"的路径，以"魅力课堂"为抓手，落实曾军良校长倡导的魅力教育，将"如何落实课堂属于学生？创设什么样的教学流程符合学生认知？如何激发学生动力，促进生命成长，实现学科育人"作为重心，重整思路再出发。

再出发的路上时刻记着我们是督学，我们督学的听课与常规听课有相同之处，但又有很多的不同：

从角色定位看，督学不是普通听课者，而是潜心研究者，学科教学引领者，学科团队建设指导者，教学质量协作者、提升者。

从目的来看，常规听课是为了学习；而督学听课更侧重指导，发现问题期待解决，积累经典案例以求推广。

从意义来看，常规听课是为了提升个人专业水平；而督学听课除了提升个人专业水平，更重要的是提高整体教学质量。

从劳动付出来看，常规听课付出时间可长可短，根据听课者的角色而定。督学听课付出时间长，不仅了解或参与课前教案的设计，关注课堂实施，还要对发现的问题及时或延时解决。

从反馈链条看，常规听课是与教师个体的交流反馈；督学听课不仅如此，还要向学校教学部门交流反馈。

从辐射面来看，常规听课一般辐射个体，而督学听课不只辐射个体，还要辐射群体。

从研究价值来看，常规听课多就学科教学而言，督学听课多就学科教育而言。

从以上七点不同来看，督学的工作很有挑战性。不过，清代彭端淑早就给了我们挑战的勇气，"天下事有难易乎，为之，则难者亦易矣。不为，则易者亦难矣"。"易"与"难"只在"为"与"不为"，要想化难为易，就要付诸行动，躬身实践。唯有用心去做，用智思索，才会办法总比困难多。

因此，走在督学路上，不要焦虑，在寒冷的冬季，我们的"炭"比"雪"多。

感动有千万种，但我独爱这一种

——记一次演讲课

· 1 ·

"老师，同学们，大家好！我是周紫祥，今天我演讲的题目是《付出·执着·收获》。"

正式的问候拉开了这堂课演讲的序幕。他的声音洪亮，带入感强。这让我不由自主地回忆起他刚刚来到1+3的时候。那是正式开学前的入境教育，我们进行入境仪式启动。在启动仪式上安排了这位游泳健将给同学们讲讲2018亚运会上游泳运动员的故事。他准备充分，PPT制作美观，但是声音略显胆怯，PPT的视觉冲击与敲击耳膜的声音相比略胜一筹。

可是今天这位小伙子，没有PPT，几乎是脱稿演讲，声音高亢，富有磁性，充满自信的力量。

· 2 ·

"老师，我明天第二个演讲，行吗？"晚上11点10分我收到了高天宇的短信，这么晚了，我赶紧秒回"可以！"

看到他自信地站在讲台，讲起了他和姥爷的故事。他的演讲，故事处理模仿了"我是演说家"中亲情演讲的范例，演讲的语言虽然还有待精炼，语音语调处理还略显稚嫩，但是对姥爷的情与爱发自肺腑，情真意切。

·3·

"我是谭焯,演讲的题目是《付出》。"她站在讲台,讲起了自己的父母,"在童年印象中,我对父母的概念有些许不清楚,从小由姥姥带大的我,每次去公园看到其他小朋友都有父母陪伴时,每到家长会和学校开放日其他同学父母来到学校时,我总是心生艳羡,也心生对父母的埋怨,'没时间陪我,干吗还要生我?'"

当自己慢慢长大,经历父亲为了救一位和自己差不多大的小姑娘与歹徒搏斗身负重伤后的事情后,明白了警察的意义,"这世间哪有什么岁月静好,只不过是有人在替你负重前行罢了!"

·4·

演讲课程我们全程录像,除了同学们演讲的声音,鼓掌的声音,没有其他。不知过了多久,操场上传来了体育课组织活动的喇叭声,我和部分同学几乎同时瞧向了窗户,靠近窗户的同学瞬间不约而同地将窗户关上,隔断了外面的杂音,教室立即重现宁静。我们没有命令的语言,也没有示意的动作,有的是心领神会,是心有灵犀。这一刻,我柔软的内心,充满温暖与感动!

感动有千万种,但今天我独爱这一种。当他们慢慢开朗自信;当他们慢慢理解亲情,感悟生命;当他们为他人着想,慢慢将无需他人提醒的自觉变成习惯,我心底藏满感动!

我喜欢小草钻出泥土的声音,喜欢芝麻开花的声音,喜欢竹子拔节的声音。这些声音见证了生命的成长,真实,律动,悦耳。

顺应花开花落

一朵花，被狂风骤雨洗礼后悄然坠落。一只虫，被疾驰而过的车碾压后化为尘埃。

似乎我们不曾留意，因为它们的逝去没有打扰我们的世界，我们对他们没有太多的关注与不舍。看待它们的生命，是我们站在后台去看待，袖手，冷眼，旁观，认知到任何事物的消亡都是不可逆的自然规律。

如果一个人逝去，不是你的世界范畴，如同见到鲜花零落成尘，如同见到小虫化为泥土，虽柔软的内心偶尔激荡起涟漪，但终究会见如同未见，闻如同未闻。

如果一个亲人逝去，我们会感到天空暗淡，甚至现出阴霾，留下伤感。因为这个时候我们不是在后台看待我们的生活，审视我们的生命，而是站在前台，感性，感慨，感叹。

没有哪个人永享天年，也没有哪一种事物永久不会消亡，"人有悲欢离合，月有阴晴圆缺"，这就是亘古不变的哲理。

莎士比亚说，世界只是一座舞台，生命只是一个可怜的戏角。

不管是生活还是工作，当你纠结时，不要夸大你的作用。当你释然时不要忘记你的价值。

生活于世，顺应花开花落，花开淡然，花落释然！多一份理性，多一份从容，多一份达观。

这些"星",我们应该去追

——写给追星的你

这是一个追"星"的时代,歌星、影星、球星……星星闪烁,应接不暇,甚至这些"星"的绯闻,有些都耳熟能详。

真可谓"星"英荟萃,"星"光璀璨,但我今天所说的"星"不一定是如雷贯耳,不一定是在屏幕中频繁出现,不见得是满足人们耳眼的娱乐之星;而是扎根于民,体恤于民,温暖于民,献身于民,振奋于民的闪亮之"星"。

这是一个军"星",亦是一个科研之星。我们追她不是因为她有工程院院士和少将的荣誉;而是因为她明眸中闪着坚毅,微笑中透着善良,肩章中负有责任,前行的路中写满感动。

她,就是女将军陈薇。2003年非典,临危受命,研制预防"非典"病毒的疫苗,保护了近14000名医护人员。2015年年底,她率团队研发出世界首个2014基因型埃博拉疫苗,既为非洲疫区的人们打开了生命的希望之门,也把病毒挡在了国门之外,成为世界第一的"埃博拉终结者"!2020年大年初二,54岁的她,挂帅出征,抵达武汉,全力准备打赢这场疫情防控阻击战。

这颗星,镶嵌在空中,绽放自己的光芒;这颗星,闪耀在军中,发出护国之光。她的科研给我们在黑寂中带来希望,她的坚毅吹响团队前行的号角。她是妖魔的克星,是患者的福音,是保家卫国、庇佑人民的"生物盾牌"。

这是一个快递之"星",她叫刘宝兰,26岁,湖北孝感人,顺丰速运河南省郑州市金水区凯旋门营业点的派件员。因为疫情的爆发，父母让她在郑州过年。面对过年人手少的情况，她承担了比平时更繁重的劳动。"父母要我少派件，少到人流多的地方去，但我干的是这份工作，我必须要完成好。"刘宝兰朴实的话语，道出了肩上的责任以及完成职责的决心。"疫情来了，更显现了我们的作用，我们一定会安全、卫生地把每一件包裹送到每一位客户手中"。责任担当中渗透着真诚与善良，努力与坚持。

这颗星平凡，但不平庸；这颗星渺小，但不娇小。这颗星发亮，但容易被蓝天淹没，但恰恰是她与群星的汇聚，才给黑暗中前行的人民带来力量与希冀。

这些星是医疗之"星"，她们不舍昼夜，与时间赛跑，与生命角逐。她们有的剪掉头发，甚至剃了光头；她们有的脸上伤痕累累，不堪入目；有的手上布满湿疹，瘙痒难忍；更有甚者不幸感染病毒，仍心系前线，决心再战！她们不敢多吃，不敢多喝，免得上厕所，甚至有些男医生也都用上了纸尿裤。

这群星，耀眼，但不夺目；这群星，伟大，而又不乏平凡。她们没有伟岸身躯，却有短小精悍；他们没有震天撼地，却能让世人动容。在他们身上，不只是技的臻于至善，更有德的熠熠生辉。

央视著名主持人白岩松说，医生是介于普通人与佛之间的角色，他们既在治疗患者的身体，也在抚慰患者的精神。我想说，这些星，德术双馨，止于至善，我们岂能不追？

这群星，是年轻的90后，她们携笔抗"疫"，有进行冠状病毒研究，在实验室度过春节的清华大学生命科学学院博士生——兰君；有在疫情中主动参加对海外援助物资标准进行翻译，从而判断产品能否用于医疗机构的志愿者，北京语言大学语言康复学院研究生——杜伊凡；有跨校组织本科同学为中学生们免费进行网上授课的发起者，兰州大学新闻与传播学院本科生——杨泰然。

这些"星"，没有亲临现场的战斗，但是她们却用自己的知识、学会的本领为疫情阻击战做着贡献。

这样的"星"实在太多太多,数不胜数……

这些"星"年龄不同,性别不同,身份不同,职业不同。但是有一点相同,她(他)们都是光荣的劳动者,理想的追求者,道德的修行者。

我不想用崇高来形容他们,也不想用伟大把他们推到风口浪尖,我想用尽心尽力尽责来夸赞她们。她们所做的一切是出于本心的善良和对职责的坚守。在这善良与坚守中有对生命尊重,有对国家深沉的热爱。

"星"不是生来高尚,也不是生来伟大。他们都是普通人,平凡如森林一木,渺小如沧海一粟。

可就是这平凡的,渺小的"星",却如星星之火,可以燎原。所以,"星"是榜样,是感召的力量,温暖的传递。我们"追星",不以脸蛋论英雄,不以屏幕设门槛,不以贵贱为界限。要不分职业,不论地位,不看光环,而看劳动付出创造的价值,这种价值不仅是创造的物质财富,还有带来的精神力量。

如果"星"的精神感染了你,激发了你理性的敬仰,带来了情感上的共鸣,精神上的共振,你就尽可能去追!

忙忙碌碌之中您在尊重生命吗？

——只有庄子才"尊生"吗？

读者来信

有同学问：马老师，读您前面的文章，您写到习总书记的故事，他在回答意大利众议长菲特提问时说："这么大一个国家，责任非常重，工作非常艰巨。我将无我，不负人民。"可是庄子在《尊生》中说，尧把天下让给许由、子州支父、善卷等，他们都不愿接受禅让的故事，天下固然"至重"，但却不能以此害生。您能结合着习总书记的事，谈一谈庄子的"尊生"思想在当今社会的现实意义吗？

尊重生命是一个亘古不变的话题，由古及今，跨越时空。尊重生命不仅是珍惜自己生命，还是珍惜他人生命；不仅是珍惜人的生命，也是珍惜物的生命。

·1·

汪国真的一首小诗《山高路远》中那句脍炙人口的诗句"没有比脚更长的路，没有比人更高的山"，被人传唱，被人演绎。

2019年5月14日，是一位无腿老人登顶8848米珠穆朗玛峰一周年纪念日。他的登顶画面让人喜极而泣，他的感人故事让人赞叹不已，他的43年圆梦之旅中顽强的意志让人佩服至极，他就是共和国同龄人夏伯渝。

43年前，26岁的夏伯渝作为国家登山队的首批队员第一次对珠峰发起了"登顶尝试"，他因把自己睡袋让给丢失睡袋的队友，双脚被冻伤，被迫截去。之后65岁的他第二次尝试登顶，距顶峰仅有244米时，不幸遭遇雪崩。66岁的他第三次尝试登顶，不幸遭遇了尼泊尔地震，死里逃生。67岁的他第四次尝试登顶，在距离顶峰仅有94米的一步之遥时，因又一次遭遇暴风雪，考虑队友的生命安全，与登顶失之交臂。69岁的他以钢铁之肢于2018年5月14日8点31分站上了世界之巅！

康震教授在《经典咏流传》中说夏伯渝老人是这个时代的英雄好汉。的确，他英雄的壮举是坚忍的意志，不屈的精神，乐观的心态，坚持的信念，是对自己生命的尊重，是挑战自己，战胜自己，实现价值。更是对他人的尊重，他对登山队友的关怀，是大爱，是彰显的"仁"与"义"。

《论语》中樊迟问仁，子曰："爱人。"这种爱是博爱，是推己及人的爱。《孟子》中说："生，我所欲也；义，亦我所欲也。二者不可得兼，舍生而取义者也。""由是则生而有不用也，由是可以避患而有不为也"。夏伯渝就是这样的英雄，杜富国以及大凉山上救火献身的英雄，亦是如此。他们是在"义"面前的舍弃，是当仁不让，是义不容辞，是尊重生命的最高境界。

·2·

一只小猫的叫声吸引了过路行人驻足，他们将目光聚焦到一座十米高的高架桥上，决心对小猫实施救援。可是位置太高，从上面救援难度太大，用云梯又够不着，大家就租来了脚手架。一位60多岁老大爷"冲锋"在前，从中午一直持续到晚上12点，才救下了这只小猫。据了解，这位大爷在一个季度救下了30多只小动物。只要有这种小动物救援的事情，闻讯肯定及时赶到，老大爷说"没有什么比救一命更重要了"。

的确，这位大爷对小动物生命的重视让我们情不自禁竖起大拇指。这种对生命的尊重，是源自心底的善良，是真情的自然流露，是无须他人提醒的高度自觉，是平等对待生命的最高境界。这与庄子"齐物论"的思想相吻合。一位学者说，"我们敬畏地球上的一切生命，不仅仅因为人类有怜悯之心，更因为它们的命运就是人类的命运。"

·3·

习总书记回答菲特的话"我将无我，不负人民"，是把自己融于祖国的发展，是为国发展的无私奉献，是把人民的利益高于一切，是把尊重他人生命、尊重他人利益放在了至上的位置。儒家文化渗透的这种思想，这种推己及人、使命担当的情怀在唐代杜甫的诗句"安得广厦千万间，大庇天下寒士俱欢颜，风雨不动安如山！呜呼！何时眼前突兀见此屋，吾庐独破受冻死亦足！"和宋代范仲淹《岳阳楼记》中"先天下之忧而忧，后天下之乐而乐"都有所体现。

其实，这种"无我"的境界不是儒家的"专利"，在道家思想中也有。我们学习《庄子·逍遥游》，最后一句"至人无己，神人无功，圣人无名"，道出了摒弃功名利禄，追求精神绝对自由，达到物我相忘的境界。《尊生》中第一则"让王"中"夫天下至重也，而不以害其生，又况他物乎！""故天下大器也，而不以易生，此有道者之所以异乎俗者也""能尊生者，虽贵富不以养伤身，虽贫贱不以利累形"，道出的恰恰是不要为名所困，为利所累，是超脱世俗价值观念的精神境界、哲学思想。

菲特问习总书记的问题，说自己当选众议长时很激动，"您当选中国国家主席的时候，是一种什么样的心情？"，习总书记的回答超越常人眼中的世俗观念，以一种"无我"的状态来应答，这与儒家的"子绝四：毋意、毋必、毋固、毋我"（杜绝四事：凭空臆测、武断绝对、固执拘泥、自以为是）的精神深相契合，也与《老子》中"圣人常无心，以百姓心为心"有异曲同工之妙。

道家中老子的核心思想是"道"，人法地，地法天，天法道，道法自然。即人学习大地的精神,厚德载物;学习天的精神,自强不息;天要遵循道;道要顺乎自然。这又与《礼记·孔子闲居》中"天无私覆,地无私载,日月无私照"道出的天地最大的"无私"德行高度统一。

  中华文化真的是博大精深,它们会互相影响,互相渗透。如果说儒家文化教会您立身处世,积极进取,担当使命;那么道家文化就是让您追求精神自主、自由与自觉,超越世俗,追求宁静与和谐。希望我们用儒家思想进取,用道家智慧炼心;以儒修身,以道养生。做勇于担当的堂堂"君子",做内心超然的悠悠"圣人"。

后记

教育是爱的艺术

——读《顾明远:"水仙花"教育学》有感

顾先生谈的"水仙花"教育学是什么?要从顾先生养"水仙花"的故事谈起。

顾先生得到朋友送来的犹如洋葱头的水仙花球,不知如何处理。按照朋友告诉的办法"对它进行雕刻,才能出芽开花"。按照朋友告诉的初步认知,拿起小时候削铅笔的刀来雕刻,一刀下去,把包在里面的嫩芽给切断了,第一次尝试以失败告终。经过反思,悟出"觉得所谓雕刻,就是把像洋葱头一样的水仙球里藏着的嫩芽剥开,把它解放出来"。经过"小心翼翼"地一层一层剥,果真没把嫩芽碰坏,就放在书桌上等它开花,可过了半个月以后,叶子长得老高,花却开不出来。朋友告诉我,"水仙喜冷不喜热,要放在比较阴凉的地方,白天吸收阳光的照射,夜里经受冷的考验,只要给它浇点水,不用管它,就会长得很好。"遵照朋友的精心指导,把雕刻好的水仙花放在花盆里,再放到阳台上,每天早上去看看,添点水,看它一天天地长起来。果然到春节时,水仙花就会盛开。

这个故事蕴含着深刻的教育哲理,给我们的教育带来深深启迪。"把养水仙"视为"育学生",就要充分理解"水仙"与"学生"的相似之处,水仙的"嫩芽"就像学生的潜力,教育者对待学生要像对待水仙花的嫩芽一样,小心谨慎,不能碰伤他。从包裹嫩芽"水仙球"移到让水仙成长的"花盆",是要放手让他们自由发展,自由成长,不需要大人的过多干预、过多雕琢。就像我们对待孩子的学习生活,过多雕琢,难免溺爱;过多干预,难免"强制"。当孩子不需要我们一厢情愿的好时,我们要思考,我们的爱是否讲究了艺术。

"水仙喜冷不喜热,要放在比较阴凉的地方,白天吸收阳光的照射,夜里经受冷的考验",这是水仙生长的习性和生长的条件,也是它成长的规律,我们要尊重要遵循。这又让我想到教育者要实行爱的教育,一定要有正确的学生观。

学生是持续发展的,他们的身心发展具有规律性,就像故事中的"水仙花",我们一定遵循规律,不能揠苗助长,违背自然成长的规律。

学生具有巨大发展潜能,要给他提供一个适合的学习环境,就像水仙花那样,给它适宜生长的条件——阳光和水,经过寒冷的锻炼,开出美丽的花朵。

学生是处于发展过程中的人,用发展的眼光去看待学生;学生是完整的个体,是具有独立意义的人,不是以教师的意志为转移的客观存在。就像对待水仙花,期待美好是对的,但不能为结果缩短成长的过程,不能为期待错过等待。

教育是爱的艺术,尊重学生的天性,"顺木之天以致其性";教育是"慢"的艺术,"慢""下来,需要我们的爱心与耐心。水仙花"的主人经过三次不同的尝试过程,使水仙花终于绽放出自己的美丽。

所以,教育需要的是持久的关注,耐心的等待。关注与等待需要爱的温度,需要有责任的付出,需要有目的的历练。

欲速则不达。教育是爱的艺术。